L'industrie de demain
et la dépollution des sols

Marc Vauthier

I Gallery Editions

Collection Essais (Science)

Bernard Gast - *Le pouvoir, pas moins...* (2011) – 1,26 x 1,72 m
(*Peinture avec le Cinéma*) © Adagp

SOMMAIRE

La bascule de la modernité a infléchi l'évolution en créant les conditions d'une transformation axiale des conditions de notre adaptation. Dépassant les bornes de l'Histoire comme de l'Economie elle s'inscrit dans une perspective pressentie par l'Ecologie

Seulement c'est encore le néolithique qui nous détermine en son essence pulsionnelle d'une plate matérialité. Notre prolifération en résulte, créant les conditions d'une prochaine bascule du devenir. Nous commençons seulement à en prendre vaguement conscience.

La vie est une actualisation de l'improbable, fruit d'une néguentropie* aléatoire. Son mécanisme prolifique induit ses propres fatalités. Nous les éprouverons bientôt dans une exaspération de conflits aussi inévitables qu'insignifiants à l'échelle de la biogenèse.

Cette transformation s'inscrit dans un processus plus vaste que l'Histoire, on pourrait parler de métamorphose du fonctionnement spirituel si cette expression n'avait pas été engloutie dans les errements du prélogique. En réalité, nous avons basculé dans une autre dimension. Mais rares sont les hommes à même d'en prendre acte, car il faut pour cela avoir acquis une discipline d'esprit radicalement inactuelle.

Le présent travail s'inscrit dans le cadre des métamorphoses qui ne manqueront pas de s'actualiser dans les années qui viennent. Il étudie diverses options susceptibles de devenir nécessaires dans un futur relativement proche, enfin quand le pétrole cessera d'être assez disponible pour autoriser la poursuite indéfinie de sa consommation…

Nous allons tenter de situer l'industrie de demain dans les conséquences probables de cette évolution. Ce qui définit diverses fatalités dont la prise en compte, qui devrait être urgente, ouvre quelques perspectives…

Marc VAUTHIER.

NB : Cette étude repose sur une large compilation de données aisément accessibles par le net…

DEVELOPPEMENT DE L'ACTIVITE
Les étapes initiales

Depuis environ trois millions d'années, une tendance au refroidissement et à l'assèchement du climat, avec réduction du couvert forestier et accroissement des habitats ouverts, auraient poussé les Hominiens à exploiter de nouvelles niches écologiques. Celles-ci comprenant un complément de ressources alimentaires à base de viande et de graisse, obtenue par la chasse de petits animaux. Cette alimentation plus riche aurait favorisé un début d'accroissement du volume cérébral.

Le genre Homo se caractérise ensuite par : une capacité crânienne plus forte que celle des australopithèques, une réduction de l'appareil masticateur et du prognathisme, une réduction de la denture, une descente progressive du larynx, et une bipédie quasi exclusive. Son adaptation à la marche bipède et à la course lui permet alors de parcourir de grandes distances à la poursuite de ses proies. Aidé de ses nouvelles armes et outils, il adopte un régime alimentaire contenant encore plus de viande.

À partir d'au moins 120 000 ans, Homo neanderthalensis et Homo sapiens ont alterné au Proche-Orient, probablement en fonction des variations climatiques de la dernière période glaciaire. Homo sapiens arriva il y a environ 48 000 ans en Europe, où l'Homme de Néandertal s'éteint vers 30 000 ans, après plusieurs milliers d'années de cohabitation.

L'évolution technique et sociale d'homo sapiens s'ensuit, caractérisée par la maîtrise de la taille de la pierre. Laquelle implique la réalisation d'un outillage diversifié (bifaces, grattoirs...), réutilisable et transmissible. Production qui inaugure une pré industrie impliquant :

- Apprentissage, spécialisation et répartition des tâches.

- Maitrise du feu et le développement des rites funéraires.

- Apparition de l'art (peintures, sculptures...) et d'un langage articulé.

Le développement de l'industrie

L'activité industrielle remonte à quelques siècles. On estime qu'elle prend son essor, en Europe, vers la fin du XVIIIème siècle en Angleterre et s'étend en France au début du XIXème. Elle utilisa d'abord l'énergie hydraulique ou le charbon de bois jusqu'au milieu du XIXème, et développa des réseaux de travail à domicile. Mais dès 1780, l'introduction du machinisme dans l'industrie textile, l'emploi du coke dans les hauts fourneaux et la mise au point de machines à vapeur sont les prémices d'une révolution.

Ces nouvelles techniques viennent bouleverser les provinces françaises. Le paysage industriel se transforme, les usines remplacent progressivement les ateliers artisanaux et les manufactures. L'utilisation de la vapeur et de nouvelles machines permettent d'accroître la production et de réduire les coûts. D'importants gisements de charbon sont découverts, mettant à disposition de nouvelles ressources à un coût d'exploitation concurrentiel.

Le Nord-Pas-de-Calais devient ainsi le premier producteur de charbon en France. Parallèlement, le textile connait aussi un développement industriel considérable autour de Roubaix et de Tourcoing. Puis au cours de la première moitié du XIXème siècle des filatures de coton se développent. En 1911, l'une des plus grandes usines textiles d'Europe est créée : La Lainière de Roubaix.

Le Premier Empire voit apparaitre en France la naissance d'un bassin sidérurgique. Le besoin d'outils pour les mineurs et de petits matériels grandit, cela impulse la création dans le Valenciennois et dans la région de Maubeuge d'une petite métallurgie de transformation (clouterie, boulonnerie, production de chaînes). Cette nouvelle activité vient compléter le tissu industriel existant composé de verreries et de faïenceries.

Les innovations technologiques entraînent de profondes mutations. Puis, dans la deuxième moitié du XIXème siècle, grâce à la production mécanique d'électricité et l'invention du moteur à explosion, les gains de productivité sont décuplés.

Des fonderies aux usines intégrées, la seconde révolution industrielle marque la prépondérance de l'acier sur la fonte et les usines sidérurgiques se transforment. En 1913, le Bassin du Nord-Pas-de-Calais produit 27 millions de tonnes de charbon par an, soit 67 % de la production nationale. Il emploie alors 130 000 mineurs. Le record de production est atteint en 1930 avec 35 millions de tonnes par an. Puis, durant le XXème siècle, de nouvelles inventions transforment la vie quotidienne : téléphone, lampe à incandescence... Enfin, l'automobile et ensuite l'avion révolutionnent les transports.

Mais les deux guerres mondiales et la crise de 1929 induisent les grandes familles de l'industrie à moins investir dans l'appareil productif et à se diversifier. En 1944, les houillères du Nord et du Pas-de-Calais sont nationalisées. Le développement de la modernité d'après-guerre repose jusqu'au début des années 1970 sur la consommation de produits industriels.

Cette tendance fut suivie de crises sociales débouchant sur une évolution des mentalités. Il en a résulté une transformation des perspectives qui a induit l'économie à se transformer. A présent, l'appareil productif s'est concentré ou sinon progressivement externalisé.

De telle sorte que les produits industriels courants sont de plus en plus fabriqués dans des pays où les salaires sont bas pour produire sur une durée réduite.

L'industrie désigne les activités de production liée à la transformation de la matière au moyen de machines. Elle vise une standardisation, afin de produire des biens en grande série et de réaliser des économies d'échelle. Les révolutions industrielles désignent des cycles d'innovation qui ont profondément transformé, non seulement la production et son organisation, mais aussi la dynamique économique dans son ensemble. On en recense en général trois.

La première débute dans la 2ème moitié du XVIIIème siècle. La seconde apparaît à la fin du XIXème siècle. La troisième commence dans les années 1990. Ces phénomènes trouvent leur origine dans des progrès technologiques qui interviennent dans de très nombreux secteurs comme la machine à vapeur pour la première, l'électricité pour la 2e et les technologies de l'information et de la communication pour la 3e. Ces cycles s'accompagnent à chaque fois d'une transformation des modes de production et de l'organisation du travail au XVIIIème siècle rassembla autour de machines des salariés autrefois dispersés dans différents corps de métier.

La 2e se caractérise par l'apparition du travail à la chaîne. Ces révolutions s'accompagnent d'avancées. La dernière voit se développer des méthodes d'organisation privilégiant le contrôle qualité, la polyvalence et le juste-à-temps.

Chacune de ces révolutions induit selon Schumpeter, un processus de « destruction créatrice ». Les innovations et les performances des nouveaux secteurs font vieillir rapidement le capital existant, en même temps qu'elles ouvrent de nouvelles perspectives dans la production d'énergie (exploitation du charbon dans la 1er révolution industrielle, découverte de l'électricité lors de la 2e). Seule la 3e révolution industrielle semble se dérouler sans innovation énergétique notable. Les ressources fossiles étant en voie d'épuisement et leurs prix augmentant rapidement.

Mais c'est peut-être sans compter avec les investissements réalisés aujourd'hui dans le domaine des énergies renouvelables, dont les technologies sont en évolutions rapides. Ce contexte aboutit à une accélération dont les perspectives sont difficiles à dégager.

La mondialisation se caractérisant par :

- Une augmentation de l'incidence du transport sur les échanges.

- Une spécialisation internationale et même intercontinentale de la production.

- Une évolution corrélative des compétences locales.

- Une incidence environnementale dont la prise en compte reste encore laborieuse

L'évolution du climat

La planète connait des cycles d'environ 100 000 ans de hausses et baisses des températures. Ceci est lié à la modification des paramètres orbitaux de la Terre, c'est-à-dire de la forme plus ou moins circulaire de son orbite autour du soleil. Nous nous situons actuellement au niveau des trois plus grands pics de réchauffement du passé.

Au moyen âge, une période de réchauffement est intervenue sur notre hémisphère, suivie d'un « petit âge glaciaire » au XVIIIème siècle. Mais le réchauffement actuel est plus important (+2 °C contre +0,5 °C) et plus rapide (80 ans contre 500 ans). Il s'opère à une vitesse de 50 à 100 fois plus rapide que les phases précédentes de réchauffement. Le niveau actuel de température, et même celui à venir dans le siècle, n'ont rien de véritablement exceptionnel en soi, mais les conséquences sur notre espèce de 7,82 milliards d'habitants actuels seront plus importantes qu'il y a plusieurs millénaires, quand il n'y avait alors qu'un million d'homo sapiens nomades.

Les modèles actuels montrent que les variations d'ensoleillement devraient entraîner des variations de température d'environ 0,5 à 1°C. Or on constate qu'elles sont beaucoup plus fortes, ce qui laisse supposer que des facteurs amplificateurs existent. Dont la teneur en CO_2 atmosphérique. Celui-ci joue sur la température avec une inertie de 50 ans, alors que la température joue sur le CO_2 avec un retard de 800 à 1 000 ans. Les causes des glaciations et déglaciations du passé sont d'origine astronomiques et non anthropiques. Mais le CO_2 actuel est une rétroaction positive qui amplifie la réponse, au même titre que la taille de la calotte glaciaire et son impact sur l'albedo.

Ainsi donc : Dans les centaines de milliers d'années passées, les changements de température sont dus à des phénomènes astronomiques liés au soleil, qui ont modifié la température, puis la concentration en CO_2 – le tout très lentement. Actuellement, au contraire, la hausse des températures se fait à une vitesse jamais vue, essentiellement (mais pas seulement) due au CO_2 – indubitable gaz à effet de serre, dont la concentration augmente régulièrement.

Ce qui se passe est donc de nature très différente de ce qui se passait lors des périodes de glaciations-déglaciations. C'est bien le CO2 qui est la cause du réchauffement actuel, par sa nature de gaz à effet de serre. Mais le délai de réponse de la planète explique que les températures n'aient pas encore augmenté en proportion. A partir de la concentration actuelle en CO2, le GIEC a bâti 6 scénarios de stabilisation des émissions de CO2 quant à notre futur climatique : La température de la planète, qui a augmenté de 2°C depuis le début de l'ère industrielle, pourrait alors augmenter de +1 à +6°C au cours de ce siècle. Cette fourchette de réchauffement s'explique par l'incertitude due aux divers scénarios d'émissions de gaz à effet de serre et aux modèles simulant l'évolution du climat. A noter que l'hémisphère Nord serait particulièrement touché et le Sud et ses sécheresses galopantes. Les chiffres évoqués n'établissant qu'une moyenne mondiale…

Industrie et environnement
Introduction

Le développement industriel repose sur une logique : celle des investissements consentis en fonction d'un contexte. La tendance globale a toujours jusqu'ici reposé sur une concentration des activités afin d'optimiser la rentabilité des capitaux investis.

L'analyse économique classique établit donc pour chaque secteur d'activité un comparatif entre le coût des investissements industriels (bâtiment et machines), celui de l'emploi requis pour en assurer le fonctionnement, enfin le marché à approvisionner.

Par ailleurs, d'après Abraham Maslow, *(A Theory of Human Motivation, 1943).* les besoins humains sont organisés selon une hiérarchie en forme de pyramide.

- A la base : les besoins physiologiques (se nourrir, se vêtir, se loger ...)

- Les besoins de sécurité et de protection (se mettre à l'abri de toutes les agressions extérieures)

- Les besoins sociaux (se sentir accepté, reconnu et compris des autres)

- Les besoins d'autosatisfaction ou égocentriques (se comprendre et se respecter soi-même)

- Enfin, au sommet : les besoins d'accomplissement - création artistique, littérature, altruisme...

L'industrie vise essentiellement à satisfaire les besoins physiologiques : aliments, vêtements et habitat. Les autres besoins sont en principe assumés par les Etats et les derniers, pour autant qu'ils nous déterminent, par les cultures et les hommes et femmes qui les incarnent. Les besoins alimentaires sont assurés par l'agriculture et l'élevage, les vêtements sont produits par une industrie dédiée et l'habitat par des entreprises spécialisées. La rationalisation de la production en découle logiquement.

Agriculture et élevage sont en principe des activités locales. Mais la diversification de l'alimentation nous a habitués à consommer toutes sortes de produits.

On distingue ainsi :

- Les produits animaux : viande, lait, œufs qui sont en général produits localement, mais en cours de mondialisation pour un certain nombre d'entre eux.

- Les produits de la pêche : coquillages et poissons, également pour certains d'entre en cours d'élevages.

- Les produits de l'agriculture : fruits et légumes. Là encore, certaines productions locales sont acheminées sur de longues distances (café, bananes, oranges…)

- Des produits artisanaux et industriels : vins, boissons, conserves, sucre...

Les vêtements sont à présent devenus des produits industriels. La fabrication des tissus le fut dès le début de l'industrialisation, et la confection est actuellement largement externalisée du fait de sa relative facilité de fabrication.

Seule la construction reste en principe locale, mais elle utilise des matériaux divers de productions industrielles aisément délocalisées. Toutefois, les masses qu'elle utilise imposent des coûts de transports importants.

C'est donc sans doute l'incidence du coût des transports qui risque de devenir un paramètre majeur du devenir de ces pratiques.

Logique du commerce international

Les échanges sont pratique courante depuis l'Age de la pierre. Des premiers échanges de fourrures animales contre des céréales jusqu'au développement des monnaies et des premiers titres de paiement au Moyen Âge. Les échanges n'ont cessé de croître au cours du temps, parallèlement à l'amélioration des moyens de transport. Puis, après la révolution industrielle, le développement des échanges internationaux a connu un nouvel essor.

- Entre 1720 et 1971, le volume du commerce international aurait été multiplié par 460, soit une croissance moyenne de 2,7 % par an.

- Entre 1948 et 1997, le commerce international a cru à un taux annuel de 6 % alors que la production mondiale n'augmentait que de 3,7 % par an.

- Entre 1985 et 1997, le rapport entre les échanges extérieurs (importations et exportations) et le PIB est passé de 17 à 24 % pour les pays développés et de 23 à 38 % pour les pays en développement.

A la fin de la Première Guerre Mondiale, le commerce est hésitant et les économies nationales s'appuient sur leurs marchés intérieurs. Parallèlement, il y a peu de coopération ni de concertation internationale. Puis trois périodes ont suivi la crise de 1929 :

- La dépression des années 1930 jusqu'à la fin de la Guerre Mondiale de 1939-1945.

- L'accélération dite des « Trente Glorieuses » (1945-1975).

- L'évolution depuis la crise des années 1970 jusqu'à nos jours, avec une accélération dans les années 1990.

Même si les pays en développement ont accru leur participation au commerce mondial au cours des années 70 à 90, les échanges commerciaux ont surtout lieu entre pays développés et la part des pays les moins avancés s'est encore réduite. De plus, les entreprises transnationales occupent une place croissante au sein des échanges ; elles représenteraient environ 40 % du commerce international actuel.

Les prix des produits agricoles ont chuté aussi bien en termes réels qu'en termes relatifs face au prix des biens industriels, en outre, ils sont extrêmement fluctuants. Et bien que le commerce des produits agricoles augmente en termes absolus par rapport à la production, sa place au sein des échanges mondiaux tend à diminuer.

Le commerce international a continué à augmenter plus vite que l'économie mondiale. Celle-ci a progressé à un rythme de 3,1 % l'an entre 1980 et 1990 et de 2 % l'an entre 1990 et 1995. Tandis que le commerce international croissait de 5,3 % et 6,8 % par an. La progression des échanges commerciaux s'est en outre accompagnée d'une transition progressive d'un commerce de matières premières vers un commerce de produits plus élaborés, à forte valeur ajoutée. Les raisons de la croissance de ce commerce reposent sur :

- Les progrès techniques en matière de transports, de communications et de technologies de l'information. Techniques qui ont facilité le commerce et réduit les coûts des échanges de façon considérable.

- Des Institutions visant à encadrer le commerce au niveau international (CNUCED, GATT puis OMC) et régional. Elles ont contribué à l'abaissement continu des droits de douanes entre 1976 et 1994 et à l'élimination progressive des barrières non-douanières.

Le commerce entre les pays développés représente encore l'essentiel des échanges internationaux. Celui entre les États-Unis, le Japon et l'Union européenne (UE) constitue à peu près un tiers du commerce mondial tandis que le commerce interne à l'UE représente lui aussi près d'un tiers des échanges internationaux. Quant à l'Asie, elle a vu sa part augmenter fortement entre 1980 et 1990. L'Afrique et l'Amérique latine n'ont à leur actif qu'une part beaucoup plus réduite du commerce mondial. Les échanges internationaux internes à ces continents y sont minimes, le commerce étant principalement réalisé avec les pays développés. Toutefois :

- La mise en place de blocs économiques régionaux a renforcé les échanges entre pays voisins, en réduisant les barrières commerciales et en augmentant la vitesse et le nombre des transactions. C'est le cas avec la mise en place du MERCOSUR en Amérique latine, de l'ASEAN en Asie du Sud-Est, de l'ALENA en Amérique et de l'UE en Europe.

- Durant les années 70 puis après 1990, la croissance du commerce extérieur des pays en développement a été plus forte que celle des pays développés. Même pendant la récession mondiale des années 1992-1993, les pays en développement ont continué d'accroître leur commerce extérieur alors que le commerce mondial, et en particulier celui des pays développés, se contractait.

- Par opposition à ces résultats relativement bons des pays en développement, les pays les moins avancés ont connu une croissance de leurs échanges extérieurs nettement inférieure à celle du commerce mondial. Leur participation au total des échanges commerciaux a diminué d'environ 0,9 % en 1980 à moins de 0,5 % en 1995.

En conclusion, les échanges internationaux se sont considérablement accrus depuis la fin de la Deuxième Guerre mondiale. Aujourd'hui, un tiers environ de la production mondiale participe aux échanges internationaux. Les progrès techniques dans les domaines des transports et des communications, et la libéralisation des politiques du commerce extérieur soutenue par de nouveaux accords internationaux constituent les principales raisons de cette dynamique.

Toutefois, après des décennies de croissance, le commerce international a rencontré plusieurs obstacles ces dernières années. Après un ralentissement du volume des échanges en 2019, dû en grande partie à la résurgence du protectionnisme économique dans certains pays et aux tensions commerciales entre les États-Unis et la Chine. De plus, la pandémie de Covid-19 a provoqué une baisse de 8 % du commerce de marchandises en 2020, tandis que les échanges de services se sont contractés de 21 %. Mais l'OMC table sur un rebond des échanges internationaux en 2022 avec un redémarrage de l'économie, bien qu'il semble que le commerce mondial ait atteint un pic.

Selon les données de la Banque mondiale, le poids des échanges internationaux dans l'économie

mondiale (soit le volume des échanges exprimé en pourcentage du PIB) est globalement en stagnation depuis maintenant plus de dix ans. Après un ralentissement engendré par la crise financière mondiale de 2009, le commerce international n'a jamais retrouvé les taux de croissance qu'il avait connu entre 1990 et le début des années 2000.

On distingue désormais l'ancienne DIT (Division Internationale du Travail), selon laquelle les pays en développement exportaient des matières premières vers les pays développés en échange de produits manufacturés, et la nouvelle DIT selon laquelle certains pays en développement exportent également des produits manufacturés : les nouveaux pays industrialisés dits « pays émergents ». La part des échanges de produits manufacturés est croissante, à long terme, dans le total des échanges de biens. À l'inverse, le poids des produits agricoles est en baisse constante. La part des produits minéraux (incluant le pétrole) fluctue selon l'évolution des cours. Au total, le poids des différents produits échangés dépend des volumes et des prix relatifs de ces produits. Dans le cadre du GATT, les pays ont mis en place un code de bonne conduite. Il repose sur deux grands principes que sont le libéralisme et le multilatéralisme.

- Le libre-échange sans obstacles serait le but à atteindre grâce au démantèlement des différentes barrières douanières. En outre, en vertu de la « clause de la nation la plus favorisée », tout avantage tarifaire accordé à un membre doit être étendu à l'ensemble des membres.

- La réciprocité s'impose, en matière d'avantage tarifaire, pour éviter qu'un pays membre ne profite des concessions de ses partenaires sans en accorder lui-même. Les négociations commerciales multilatérales (NCM ou Rounds) ont ainsi conduit à une baisse considérable des droits de douanes entre pays membres.

- Enfin, les négociations de l'Uruguay Round ont abouti à la création de l'OMC, qui transforme le simple accord du GATT en véritable organisation. Cette dernière peut désormais autoriser la prise de sanction contre des membres qui ne respecteraient pas les règles édictées à l'occasion des négociations.

Mais l'OMC doit aujourd'hui affronter un certain nombre de problèmes qui caractérisent l'évolution du commerce mondial :

- Pour ce qui concerne la structure des échanges, l'OMC entérine le poids des services commerciaux en créant un Accord sur le commerce de services (GATS) qui reprend les grands principes du GATT.

- Un Accord sur les droits de propriété protège non seulement les marques mais aussi les brevets.

- Depuis le cycle de Doha, les négociations achoppent toujours sur les politiques de soutien des produits agricoles (PAC) et les subventions à l'exportation.

- La question qui se pose est donc de savoir si les zones régionales d'échanges constituent des forteresses commerciales qui freinent le commerce mondial, ou si elles représentent une étape vers le multilatéralisme.

Evolution de la population

On ne peut parler de développement économique et social sans prendre en compte la croissance de la population. La cartographie de la croissance depuis 1950, puis en projections de population au-delà, donne l'image d'une évolution démographique sans précédent dans l'histoire de l'humanité.

Entre 1950 et 2000, la population mondiale a plus que doublé, elle aura probablement largement triplé en 2025 et peut-être presque quadruplé en 2050 (x 3,7). Mais il existe de grandes différences d'un continent à l'autre.

- L'Asie connaît une croissance globalement forte, cependant assez hétérogène d'un pays à l'autre. En 2050, la Chine aura multiplié sa population par 2,6 ; l'Inde par 4, le Bangladesh par 6 et le Pakistan par 8. L'Asie représenterait ainsi en 2050 plus du tiers de la population mondiale.

- L'Amérique latine et l'Amérique centrale ont eu une croissance plus précoce, quoique ralentie après 2000, avec des facteurs multiplicateurs en 2050 restant de l'ordre de 5 à 6 (Mexique, Colombie, Pérou, Équateur) ; le Venezuela atteindrait 8.

- L'Afrique, partant d'une population faible en 1950, enregistre la croissance la plus spectaculaire, globalement multipliée par près de 10. Mais l'impact des nombreux conflits et celui du VIH y rendent sans doute les projections plus incertaines qu'ailleurs.

- L'Amérique du Nord, le Japon, l'Europe, ont une croissance faible ; quelques pays d'Europe voient même diminuer leurs populations, qui repassent au-dessous de leur niveau de 1950 (Italie, Autriche, République tchèque, Hongrie, Ukraine...). Néanmoins, la population humaine poursuit son augmentation sans que rien ne semble en infléchir la croissance. Le tableau ci-dessous établit les perspectives prises en compte par les différents scénarios de l'ONU, (révision 2019). On distingue : une variante basse, une variante moyenne qui est la plus probable et une variante haute

An	Variante		
	Basse	Moyenne	haute
2020	7 794 799	7 794 799	7 794 799
2030	8 363 453	8 548 487	8 733 522
2040	8 716 310	9 198 847	9 682 332
2050	8 906 797	9 735 034	10 587 774
2060	8 882 880	10 151 470	11 529 222
2070	8 675 770	10 459 240	12 495 987
2080	8 331 397	10 673 904	13 478 079
2090	7 869 840	10 809 892	14 515 851
2100	7 322 116	10 875 394	15 600 369

Ces données précisent : « *On ignore à quel niveau la population humaine pourrait se stabiliser, ni même si elle se stabilisera (augmentera ou diminuera), compte tenu des incertitudes concernant l'évolution du comportement reproductif de l'espèce* ». En effet, il sera toujours difficile de prévoir si le taux de fécondité au niveau mondial augmentera, diminuera ou se stabilisera au niveau de 2019 : 2,4 enfants par femme. Le seuil de remplacement qui garantit une augmentation de la population à long terme est un taux de fécondité supérieur à 2,1. Il faut noter que même si la fécondité mondiale n'était que de 1,6 enfant par femme, la population mondiale continuerait d'augmenter pendant encore plusieurs décennies du simple fait de l'inertie démographique».

Voilà donc enfin une première certitude : dans les conditions actuelles de la mondialisation, toutes choses égales par ailleurs, et au mieux d'ici à 2090, la population ne devrait pas cesser d'augmenter ! Sauf, bien entendu, surgissement de conflits majeurs entre empires constitués…

Le besoin énergétique de base

L'apport énergétique journalier (AEJ) est la quantité de calories (ou kilojoules) nécessaire à une personne pour vivre et faire face à ses dépenses énergétiques. Il est variable selon l'âge, le sexe, l'activité physique et en fonction : de la température extérieure (plus elle est froide, plus les besoins caloriques seront importants) ; de l'état physiologique (croissance, grossesse, allaitement, etc.) et de facteurs génétiques. Les besoins en énergie sont donc très variables d'une personne à l'autre, en fonction de multiples paramètres : l'âge, le sexe et le niveau d'activité physique.

Catégorie	Apports énergétiques conseillés	
	Kilocalories	Kilojoules
4 à 6 ans	1 600	6 700
10 à 18 ans - H	2 800	11 700
10-18 ans - F	2 600	10 800
F adulte : activité moyenne	2 000	8 400
F adulte : activité intense	2 200	9 200
H adulte : activité moyenne	2 700	11 300
H adulte : activité intense	3 000	12 500
F enceinte -allaitante	2 300	9 600
Personne ¨âgée	1 900	8 000

Tableau ci-dessus des apports énergétiques journaliers moyens selon la population (Anses)

Cependant, estimer des AEJ ne suffit pas pour garantir un niveau de santé par rapport aux carences éventuelles en minéraux et vitamines par exemple. On doit aussi contrôler :

- Les proportions adéquates entre les constituants : protides, lipides, glucides, vitamines et minéraux.

- La prise en compte des signaux de faim et de satiété qui évitent des comportements compulsifs. L'apport énergétique pouvant varier d'un jour à l'autre.

- Le plaisir de se nourrir : intégrant des notions d'équivalences entre aliments d'une même famille pour varier ses menus. (Exemples : 150 g de pâtes cuites remplacent 1/4 de baguette ou encore 100 g de viande rouge peuvent être remplacées par 2 œufs, etc.)

Le développement moderne devrait intégrer cette donnée dans ses perspectives.

L'évolution des mentalités

L'individu et le collectif

L'individualisme peut être considéré soit comme idéologie politique, s'appuyant sur les droits, les intérêts et la valeur de l'individu, soit en tant que processus de distanciation de l'individu par rapport à ses groupes d'appartenance. Mais la problématique est loin de se résumer à cela.

Dans ce contexte, on trouve querelle entre les tenants de l'individualisme méthodologique, tels Raymond Boudon, et ceux d'une conception holiste, déterministe voire structuraliste du corps social, comme Émile Durkheim ou Pierre Bourdieu. Cette dernière conception considérant la société comme une structure indépendante des individus qui la composent et en tout cas irréductible aux seules interactions particulières entre ces derniers.

John Locke, l'un des premiers penseurs à avoir introduit une conception individualiste de l'homme en politique, fondait la propriété sur les droits de l'individu. De ce fait précurseur de la démocratie libérale, il s'opposa à la tradition chrétienne incarnée par Saint Thomas d'Aquin et fondant jusqu'ici la propriété sur le bien commun. Il proposa une théorie du droit de propriété, qu'il fit découler du travail. La Révolution française, imprégnée de la philosophie des Lumières et des idées politiques de Locke, institua la propriété, dans la déclaration des droits de l'homme et du citoyen de 1789, comme l'un des « droits naturels et imprescriptibles de l'homme » qualifié même d'« inviolable et sacré ».

Pour Émile Durkheim, là où la cohésion des sociétés traditionnelles, qu'il nomme « solidarité mécanique », repose sur des liens communautaires. La société industrielle, fondée sur la division du travail, requiert une « solidarité organique » qui rend caducs ces liens communautaires. Dans une société où la spécialisation des tâches est faible, il est nécessaire d'entretenir des liens d'ordre affectif ou moraux pour amener les individus à coopérer entre eux. Dans une société où les individus doivent se spécialiser, la cohésion sociale est assurée par les seules interdépendances fonctionnelles.

Les études de L. Dumont, C. Taylor, M. Foucault, M. Gauchet, R. Castel… enseignent ainsi que l'individualisme a une histoire. En tout cas, le fait d'ériger sa propre vie en tant que norme suprême n'est pas une préoccupation naturelle ni universelle. C'est une *« construction sociale »*, une invention liée à des formes sociales particulières. De là, il convient donc d'étudier les différentes façons dont l'individu apparaît et disparaît au gré des situations historiques et des contextes sociaux. Une démarche à mi-chemin entre l'histoire, l'anthropologie et la philosophie.

Ainsi le libéralisme ne fait pas primer l'individu sur la société, puisque celle-ci est précisément constituée d'individus. Mais il s'oppose à une forme d'organisation coercitive de cette société, qui ne respecte pas les droits individuels. Reposant sur l'idée que L'homme est par nature un animal social, la spécificité de sa socialisation serait de permettre l'émergence de son individualité. C'est parce qu'il vit en société que l'homme est un individu. Le processus d'individuation par lequel la personne acquiert son indépendance, sa différenciation, son autonomie et son développement personnel, s'élabore dans la relation à autrui. La société n'est donc que l'ensemble des relations que l'être humain entretient avec ses semblables.

Il semble toutefois de nos jours, que le développement de l'individualisme soit une conséquence du progrès technique, et devienne de plus en plus indépendant de celui-ci au point d'acquérir une fonction totalement artificielle. Sa diffusion actuelle, singulièrement « acculturée », prétendant de moins en moins nécessaire, voire souvent superflue, toute collaboration sociale.

Le probable et l'improbable

La relation intersubjective est fondamentale car nous sommes tous, d'abord, déterminés et conditionnés par un contexte familial, soit-il minimal. De plus, le langage ne peut s'établir que dans une intersubjectivité initiale qui en détermine largement l'usage et l'efficacité.

Et ainsi, le paramètre majeur qui va fixer notre principe de réalité est toujours plus ou moins imposé dans un contexte donné. Et l'individuation que nous développerons en découlera bien plus que nous ne le pensons. En réalité, les évolutions que nous accomplissons sont rarement autonomes et la part du contexte beaucoup plus importante que nous nous plaisons généralement à le croire. Du reste, nulle originalité ne saurait surgir ex nihilo, toute pensée devant au contraire s'inscrire dans un contexte qui la détermine bien plus qu'on ne le pense.

A tel point qu'il est devenu aujourd'hui difficile de déterminer le degré d'originalité de toute expression. Comme si, la plupart du temps, l'on s'en tenait à des idées toutes faites circulant parmi les peuples. Sans qu'il soit tellement possible de se soustraire à cette accumulation de lieux communs qui tient lieu de base partagée. Or dans une culture comme la nôtre, ravagée par ses doutes et ses errements, il devient difficile, voire parfois impossible de penser. Situation bien plus fréquente qu'on imagine. D'où du reste une opinion manipulée qui impose ses oukases, bien trop souvent en dépit du simple bon sens. Lequel est par ailleurs devenu éminemment subjectif…

Il en résulte un imprévu si général que les rapports intersubjectifs deviennent difficiles et donc les évolutions corrélatives encore plus inconnues. La confusion entre originalité et pertinence s'imposant désormais au point d'avoir totalement refoulé toute référence à un minimum de cohérence. Le réel cependant ne cesse de s'imposer, et c'est finalement lui qui finit toujours par triompher… Au fond on en revient toujours au même : seule l'analyse des délires qui nous accablent permettra peut-être d'assumer les devenirs qui se profilent…

EVOLUTION DE L'INDUSTRIE

Contexte et perspectives

L'industrie se pense en fonction de son secteur et de ses perspectives : la tendance qui domina longtemps fut une rationalisation technique reposant sur des normes, les dernières acquises durant le développement des années d'après-guerre.

La modernité a ensuite suscité le développement d'une logique d'optimisation ayant abouti, de restructurations en concentrations à des activités développées dans un cadre dit rationnel. D'où une « mondialisation » privilégiant les investissements au voisinage des sources de matières premières. Phénomène sensible dans le cadre de l'industrie du pétrole et de la pétrochimie ainsi que pour des productions dépendant de ressources locales : minières ou agroalimentaires. Concentrations conditionnées par la rapidité des échanges, l'optimisation des coûts et le développement des transports.

Pour l'essentiel, les propos de Pierre Laszlo, exposés dans son « *Abrégé de chimie industrielle* » de 1998, sont toujours d'actualité[1]. Cet essai décrit clairement la situation actuelle en distinguant : L'évolution de cette industrie, et de ses grands secteurs : pétrochimie, polymères et élastomères. Exposant également quelques grands procédés : chimie fine et génie chimique, pour finir par en évoquer l'impact environnemental en insistant sur les perspectives positives qui se dégageraient de la prise en compte de celui-ci...

---

[1] Pierre Laszlo – Edition Ellipses – Août 1998

Et comme l'industrie est liée à la diffusion de compétences, et qu'elles sont actuellement devenues celles de gestionnaires se substituants aux techniciens qui en ont forgées les méthodes. Cela s'actualise dans le cadre d'une optimisation aboutissant à des concentrations. Lesquelles induisent logiquement et sans même y songer une évolution antisociale : Toute main d'œuvre étrangère aux décideurs, étant systématiquement estimée trop coûteuse… Mais cette optimisation de la production n'est toutefois pas homogène, car diverses contraintes sectorielles viennent parfois infléchir les rationalités comptables.

Les activités actuellement concernées par l'évolution mondiale sont essentiellement :

- L'industrie du pétrole et la pétrochimie
- La chimie, qui en découle souvent
- Diverses industries agroalimentaires.

L'industrie du pétrole

Réserves et ressources

L'analyse géologique et sismique d'un terrain laisse supposer que celui-ci contient une certaine ressource. Lors du forage d'un premier puits, puis d'autres puits voisins, cette quantité est affinée et permet d'estimer la réserve, c'est-à-dire la quantité de liquide effectivement extractible. Cette réserve dépend des techniques mises en œuvre : drains horizontaux, injection d'eau pressurisée, voire de CO_2, combustion in situ, etc. sans oublier les moyens particuliers utilisés pour les forages off-shore et les pétroles situés dans des formations géologiques particulières (pétroles de schistes, sables bitumineux…). La mise en œuvre de ces techniques dépend de leur rentabilité économique appliquée au gisement considéré, elle-même liée au prix du pétrole.

Ainsi la classification des ressources, telles qu'elle est proposée par le très officiel Petroleum ressources management system (PRMS) ou dans une version simplifiée par l'Agence internationale de l'énergie (AIE), repose essentiellement sur trois critères :

- Le degré de connaissance ou de caractérisation, qui dépend des progrès de la prospection.

- Le niveau de récupérabilité, fonction de l'évolution des techniques d'exploitation.

- La rentabilité de l'extraction, définie par le rapport entre les coûts de ces techniques et les prix du pétrole sur le marché.

A l'échelle de la planète, le stock de pétrole fonctionne comme un immense réservoir, dont le contenu initial correspond à la totalité du pétrole formé au cours des temps géologiques. Nous avons largement puisé dans ce réservoir et chaque jour, le pétrole extrait vient en déduction de la ressource restante.

Cette quantité est divisée en grandes catégories dont la répartition varie constamment.

Il y a les ressources connues, également dites prospectées, et les ressources dites prospectives. Ces dernières représentent l'estimation des ressources qui resteraient à découvrir. Les ressources connues sont-elles mêmes divisées entre prouvées, probables et possibles selon la qualité de leur caractérisation. Bien sûr, à mesure que la prospection progresse, la quantité de ressources connues augmente. On compte par ailleurs au sein de la ressource connue trois cas :

- Une partie est considérée comme techniquement non récupérable.

- Une autre est récupérable mais actuellement considérée comme non rentable, qui constitue une ressource contingente.

- Une fraction rentable qui constitue la réserve.

L'évolution technique réduit progressivement la part non récupérable. La séparation entre rentable et non rentable évolue en revanche dans un sens ou dans l'autre en fonction du prix.

Ainsi, même si la quantité de ressource qui reste dans le sol ne fait que se réduire à mesure que nous l'exploitons, les réajustements permanents de la réserve, sous l'effet de la prospection mais surtout de la réévaluation technique et économique de son potentiel, expliquent pourquoi la réserve peut se maintenir, voire augmenter au fil du temps.

Parler d'un délai avant la fin du pétrole véhicule l'idée fausse selon laquelle la production se poursuivrait linéairement jusqu'à une date fatidique. Bien que notre consommation épuise progressivement la ressource, les réserves considérées comme exploitables se maintiennent voire augmentent avec le temps. Nous vivons ainsi dans l'illusion que cette pénurie est toujours plus lointaine et que le pétrole reste abondant.

Mais si la pénurie de pétrole n'est effectivement pas pour demain, la production va en revanche inéluctablement connaître une déplétion : après un pic ou un plateau de production maximale, elle va décroître pour devenir de plus en plus limitée et chère.

L'exploitation du pétrole dit « non conventionnel » (huiles de schistes, sables bitumineux, etc.), dont l'extraction pose d'importants problèmes environnementaux, ne modifie pas fondamentalement cette perspective. Elle conduit en revanche à extraire du sous-sol plus de pétrole que nous ne pouvons en consommer si nous voulons réduire nos émissions de gaz à effet de serre et donc limiter l'ampleur du changement climatique.

La fin du pétrole renvoie dans l'imaginaire à la catastrophe d'un tarissement brutal de cette ressource qui est aujourd'hui vitale. Le pétrole fournit en effet actuellement plus de 30 % de l'énergie primaire consommée dans le monde, et plus de 90 % de l'énergie des transports motorisés qui sont au cœur de notre mode de vie. Cette image est à la fois juste et fausse. Juste parce que le pétrole, comme toutes les ressources que nous extrayons du sous-sol, n'existe qu'en quantité finie. Si nous continuons indéfiniment à en consommer, il finira par s'épuiser. Fausse parce qu'il y a en réalité très peu de chances pour que l'on continue à le consommer ainsi, comme si de rien n'était, jusqu'à en manquer brutalement. Les tensions liées à la rareté progressive du pétrole génèreront une adaptation. La question est de savoir si nous saurons anticiper cette situation ou si nous subirons de plein fouet la crise qu'elle engendrera. Et surtout, même si ce n'est pas une fin brutale, de savoir quand cette pénurie devrait avoir lieu.

Ainsi la classification des ressources, telles qu'elle est proposée par le très officiel Petroleum ressources management system (PRMS) ou dans une version simplifiée par l'Agence internationale de l'énergie (AIE), repose essentiellement sur trois critères :

- Le degré de connaissance et de caractérisation, qui dépend des progrès de la prospection.

- Le niveau de récupérabilité, fonction de l'évolution des techniques d'exploitation.

- La rentabilité de l'extraction, définie par le rapport entre les coûts de ces techniques et les prix du pétrole sur le marché.

L'un des paramètres les plus importants dans ce mouvement est l'évolution au fil du temps de l'estimation de la part récupérable d'un champ de pétrole. On estime que les premiers gisements lourdement exploités l'ont été avec un taux de récupération d'environ 35 % aujourd'hui, et les prévisions les plus optimistes tablent à terme sur un taux de récupération moyen de 50 %. Ainsi, l'évaluation de la « ressource ultime récupérable » (URR), qui conditionne évidemment notre représentation de l'abondance ou non de pétrole, peut considérablement varier.

Le paysage de la ressource pétrolière a par ailleurs fortement évolué ces dernières années, avec l'apparition de nouvelles réserves potentielles dans des formations jusque-là non explorées ou jugées impropres à l'exploitation. On distingue ainsi : Le pétrole dit « conventionnel » contenu dans des réservoirs où l'on pompe de manière classique le liquide en augmentant la pression grâce à de l'eau injectée ou d'autres technologies avancées. Puis le pétrole non conventionnel, qui comprend en fait de nombreuses sous-catégories, notamment :

- Les sables bitumineux visqueux comme du bitume dont l'extraction génère beaucoup de déchets huileux et altère le paysage par ses exploitations à ciel ouvert.

- Le kérogène, qui est un pétrole immature extrait à plus de 1000 m de profondeur et qu'il faut traiter ensuite chimiquement.

- Les huiles de schiste, pétrole piégé dans une roche très peu perméable qu'il faut fractionner à l'aide de grandes quantités d'eau, de sable et de solvants, ce qui peut générer d'importants dégâts environnementaux (voir les effets du gaz de schistes)

- Le pétrole accessible uniquement pas des forages profonds (supérieurs à 500 m), sous les océans.

L'arrivée de ces catégories non conventionnelles, qui représentent parfois des volumes très importants mais dont les conditions techniques et économiques d'exploitation restent plus incertaines que celles des ressources conventionnelles, vient encore compliquer l'estimation des réserves et des ressources. Il est intéressant à ce titre de comparer l'état des ressources et réserves tels qu'ils étaient envisagés il y a une dizaine d'années et tels qu'ils sont comptabilisés aujourd'hui par des organismes tels que l'AIE, l'institut allemand des géosciences et des ressources naturelles (BGR) et la BP Statistical Review.

oOo

En 1974, dans le rapport Meadows, le club de Rome lançait un cri d'alarme : « Nous n'avons plus que pour 40 ans de pétrole ! ». L'échéance est passée, la compagnie British Petroleum est devenue Beyond Petroleum et pourtant, dans ses statistiques annuelles, elle estime aujourd'hui nos réserves à 52,5 ans de production. La date fatidique d'épuisement de la réserve mondiale reculerait donc au rythme des découvertes. La fin du pétrole n'est-elle pas dès lors qu'une menace lointaine dont il n'y a pas lieu de s'inquiéter ?

Pour mieux comprendre, il faut savoir comment évolue notre stock de pétrole. Ce problème apparemment simple est en fait complexe, car cette évolution est le produit de nombreux facteurs. Loin de l'image des pionniers, un puits de pétrole n'est pas un réservoir que l'on met en évidence d'un coup de pioche et dont on extrait l'or noir jusqu'à la dernière goutte, au rythme de nos besoins. Ainsi, même si la quantité de ressource qui reste dans le sol ne fait que se réduire à mesure que nous l'exploitons, les réajustements permanents de la réserve, sous l'effet de la prospection mais surtout de la réévaluation technique et économique de son potentiel, expliquent pourquoi la réserve peut se maintenir, voire augmenter au fil du temps.

En 2014, la consommation mondiale de pétrole a été de 4,2 GTEP et les réserves prouvées sont évaluées par BP à 232 GTEP ce qui signifierait qu'il reste suffisamment de pétrole pour plus de 50 années à venir. Bien sûr, l'application brute de ce ratio entre réserves et production ne tient pas compte de la variation de la consommation au cours du temps.

Par exemple, si on prolonge le rythme moyen d'accroissement de la consommation de pétrole des dix dernières années, l'échéance se réduit alors à 45 ans. Surtout, un tel mode de calcul ignore une réalité fondamentale de la production pétrolière, résumée par la notion de pic. Industriellement, la production d'un gisement pétrolifère n'est pas linéaire : après sa mise en exploitation elle croît, jusqu'à atteindre un maximum pour ensuite décroître. À l'échelle d'une région donnée ou même au niveau mondial, la somme des productions de tous les champs aboutit à une courbe passant par un maximum, le « pic pétrolier ».

Le concept, introduit pour la première fois par une publication de King Hubbert en 1956 qui a prédit avec justesse la date du pic de production de pétrole aux États-Unis (autour de 1970), donne lieu à des interprétations très diverses sur sa date et sa forme. En particulier, un nombre croissant d'experts évoquent désormais davantage la forme d'un plateau de production, plus ou moins ondulé, plutôt que celle d'un véritable pic. Certains considèrent que nous sommes entrés dans cette phase de production maximale, quand d'autres continuent à penser que ce pic n'est pas encore arrivé. Dans tous les cas, au pic ou au plateau succède inéluctablement une phase dite de déplétion de la ressource, où la difficulté croissante – et le coût croissant qui va avec – d'extraction du pétrole s'accompagne d'une diminution progressive de la production. Celle-ci va nécessairement de pair avec une baisse de la consommation. Dès lors, on voit bien que la fin physique des ressources pétrolières n'est pas un point d'arrêt brutal, mais une échéance relativement lointaine.

La prise en compte de l'environnement

Les conséquences directes du changement climatique pour les échanges sont liées aux événements météorologiques extrêmes et à la montée du niveau des mers. L'offre, le transport et l'infrastructure des chaînes de distribution risquent donc de subir davantage à l'avenir des perturbations causées par les changements climatiques.

Mais, en dehors des prises de position purement formelles diffusées, il est clair que les données économiques viennent interférer avec la dynamique générale et expliquent la stagnation des mesures environnementales dans leur influence sur les échanges internationaux. Du reste, la succession des alternatives énoncées donne la mesure des fondements des prises de position : Un optimisme formel s'impose. La mode actuelle repose sur deux hypothèses convergentes :

- Le développement du trafic pourra se faire via la fonte saisonnière d'une partie des glaciers du pôle Nord.

- Les évolutions du climat seront limitées par le développement attendu de techniques ad hoc : Stockage du CO_2 et développement du nucléaire.

Le coût des transports n'est ainsi anticipé que sur le court terme qui reste, il est vrai, le seul possible pour spéculer. Un certain optimisme s'en dégage, partagé par Christoph Winterhalter, Directeur du DIN pour « Préparer l'avenir du transport » : « ... *Le secteur logistique réunit tous les autres secteurs. Ce qui le distingue est le grand nombre d'interfaces tout au long de la chaîne d'approvisionnement... Toutefois, les défis et les conditions de la normalisation sont très différents aujourd'hui. La mondialisation et la numérisation ont accéléré le flux des marchandises à travers le monde, augmentant le nombre d'interfaces et de processus impliqués dans le transport des marchandises, de leur point d'origine jusqu'à leur lieu de consommation. Les nouveaux modèles commerciaux, les nouveaux acteurs économiques et forçant le secteur logistique à constamment se réinventer...* »

Citons encore Thomas Larrieu, Directeur général d'UPPLY : « ... *Les charges d'exploitation à surveiller, quel que soit le type de transport sont : Les salaires du personnel qui pèsent lourd dans le coût de revient d'un camion, en raison de la pénurie de chauffeurs... La volatilité du prix du baril de pétrole ...qui pèse sur le prix du carburant. La fiscalité qui joue un rôle non négligeable... Au cours des 30 dernières années, la logistique s'est largement mondialisée, dopant le transport international... La stratégie des États en matière de droits de douane peut avoir un lourd impact sur les coûts des marchandises. Elle peut influencer des localisations ou relocalisations et donc modifier les flux de transport et le transit des marchandises. Les expéditeurs, pour les importations comme pour les exportations, doivent veiller aux conditions de dédouanement, qui font partie intégrante d'une stratégie optimisée.* »

Ces textes, choisis au hasard dans l'abondance de productions analogues, donnent la mesure de la prise en compte de ces réalités pour illustrer la manière dont est situé et donc compris le contexte...

« D'après la compagnie britannique BP, la fin du pétrole ne serait pas pour demain. Selon elle, les réserves seraient suffisantes pour répondre deux fois à la demande actuelle, jusqu'en… 2050. D'autres experts vont plus loin. Si le prix du pétrole et la consommation mondiale se maintiennent au niveau actuel, il resterait 150 ans de réserves. Hormis par l'augmentation des taxes, il n'y a pas de raison de voir s'envoler le prix de l'essence, comme on l'a souvent prédit. La transition énergétique est donc plus une nécessité écologique qu'une obligation logistique. Or, tant que le pétrole abondera, il sera difficile de faire renoncer de nombreuses populations à cette énergie peu coûteuse. Une majorité d'humains cherche, en effet, d'abord à survivre avant de penser à sauver la planète. Il ne faudrait pas l'oublier… »

Mais le sujet est complexe et fortement commenté : *Pour Philippe COPINSCHI, professeur à Sciences Po et expert du secteur pétrolier, c'est la demande qui signera l'arrêt de mort de l'or noir, avant même tout problème potentiel du côté de l'offre. « Dans le secteur automobile, qui représente le gros de la consommation de pétrole, on voit qu'il y a une électrification du parc, notamment pour les voitures et camionnettes, c'est plus compliqué à faire pour les poids lourds, mais la conscience du problème du réchauffement climatique fait que les modes de consommation sont en train de changer, encouragés par les politiques gouvernementales ».*

La fin de notre dépendance au pétrole devrait s'apparenter à ce que l'on a connu avec le charbon, dont on peut se passer aujourd'hui. « Le pétrole peut subir le même sort que le charbon : on va arrêter d'en avoir besoin ». Par ailleurs : « Si les ressources de pétrole sont non renouvelables, les réserves, elles, ne cessent d'augmenter. Le progrès technologique permet d'aller produire du pétrole déjà identifié, mais non rentable jusqu'alors ; il permet aussi d'améliorer la quantité de pétrole extraite des gisements existants ».

Patrick Pouvanne, PDG de TOTAL nous dit[2] que : « Les multinationales du secteur ont bien conscience qu'elles vont devoir changer de modèle ». Il se dit persuadé que « le marché qui va croître n'est pas celui du pétrole, mais celui de l'électricité ». Le groupe voit ainsi la demande mondiale de pétrole atteindre « un plateau vers 2030, notamment parce que l'Europe et la Chine auront basculé vers le véhicule électrique. » Total entend donc se développer vers l'électricité décarbonée, issue des énergies renouvelables, via notamment l'éolien offshore.

Le 12 février dernier, à Londres, le patron du géant britannique BP Bernard Looney, (qui depuis a annoncé la suppression de 10 000 postes) a reconnu que la baisse de la production d'or noir était « inévitable ». Et de fixer un objectif ambitieux sur le papier : atteindre la neutralité carbone en 2050, « voire plus tôt ». Ambitions qui laissent sceptiques les ONG, craignant que ces groupes utilisent surtout la compensation carbone pour y parvenir. Il n'en reste pas moins, toujours d'après Philippe Copinschi que « Les investissements de ces compagnies sont toujours prédominants dans la production de pétrole et de gaz ». Ajoutant toutefois que « A long terme, tout le monde comprend que c'est sur l'éolien qu'il faut miser ». ??? Répétition plus bas…

Francis Perrin, Directeur de recherches à l'IRIS, et lui aussi spécialiste des questions pétrolières précise : « ...Nous nous dirigeons progressivement vers un monde décarboné, pour reprendre un terme en vogue. Dans l'énergie, on ne peut pas regarder que le court terme, c'est un secteur extrêmement lourd en investissements, avec des délais qui sont longs. Donc, il faut avoir forcément une stratégie de long terme. [...] Et aujourd'hui, se placer sur le marché électrique, c'est se garantir à long terme un potentiel de croissance [3]»,

---

[2] Interview du journal « Le Monde »

[3] France Culture - 8 juin 2021

Par ailleurs, les énergies renouvelables deviendraient de plus en plus compétitives. D'après les données recueillies par l'Agence internationale pour les énergies renouvelables (IRENA), le coût de l'énergie a baissé de 82% pour le solaire photovoltaïque en 2019 par rapport à 2010, de 47% pour l'énergie solaire à concentration (CSP), de 39% pour l'éolien terrestre et de 29% pour l'éolien offshore. Toujours selon Philippe Copinschi [4], en revanche, le secteur de la pétrochimie a de l'avenir.

« Si l'or noir va devenir moins prédominant comme source d'énergie, il a encore de beaux jours devant lui dans un autre secteur : la pétrochimie, c'est-à-dire la fabrication des plastiques, colles, solvants, qui utilisent comme matière première le pétrole. *« Dans quelques générations on se demandera comment on a pu brûler une matière aussi incroyable, utilisable pour fabriquer toutes sortes de matériaux ! »*

Bien sûr, tous les pays ne vont pas aller au même rythme et il y a même un risque de fracture entre les pays industrialisés et les pays en développement. En Afrique, on mettra ainsi plus longtemps à se passer des véhicules essence et diesel. L'or noir deviendra donc à terme une énergie encore très présente dans les Etats qui n'auront pas les moyens financiers de développer les nouvelles technologies.

---

[4] Philippe Copinschi : « Le secteur de la pétrochimie est amené à se développer »

Prospectives

On convient donc désormais que : « *Même si, grâce à des technologies avancées, nous découvrions de nouveaux gisements au cours d'explorations plus poussées de la croute terrestre, cela ne ferait que repousser l'échéance de quelques années et ne modifierait pas grand-chose à la donne* ». Le pétrole est un produit de l'histoire géologique d'une région, et particulièrement de la succession de trois conditions :

- L'accumulation de matière organique, végétale essentiellement.

- Sa maturation en hydrocarbures.

- Son piégeage.

La constitution des réserves de pétrole a pris des centaines de millions d'années. Parallèlement, les gisements de sable bitumineux ou asphaltiques, représentent une importante source de pétrole non conventionnel. Peu rentables et particulièrement dévastateurs pour l'environnement, ils se trouvent notamment en Alberta, au Canada, et dans le bassin du fleuve Orénoque, au Venezuela. De plus petits gisements de sables bitumineux existent dans d'autres endroits du monde. L'extraction et le traitement de ces pétroles lourds demandent des quantités considérables d'énergie et d'eau, ce qui ne fait qu'aggraver les préoccupations liées au changement climatique. L'extraction des sables bitumineux produit en effet trois fois plus d'émissions de carbone que la production de pétrole conventionnel, tandis que l'extraction des schistes bitumineux, autre source présumée de pétrole brut de synthèse, produit jusqu'à huit fois plus d'émissions. Les schistes bitumineux semblent moins abondants, mais l'Australie en contient au moins 3,8 milliards de tonnes, et l'Estonie, le Brésil, la Suède, les Etats-Unis et la Chine en possèdent également de grandes quantités. Au total, ces sables et ces schistes des quatre coins du Globe renfermeraient plusieurs centaines de milliards de tonnes de pétrole.

Quelle part de ces réserves serait récupérable de manière rentable ? On l'ignore. Evidemment, on pourrait synthétiser du pétrole à partir de matière organique. Mais si l'on voulait remplacer tout le pétrole nécessaire par des agro-carburants, il faudrait utiliser une telle superficie de terres cultivables que les 9 milliards d'humains prévus en 2050 ne pourraient jamais manger à leur faim. On parle cependant d'agro-carburants de seconde génération, mis au point en 2020, qui n'entreraient pas en concurrence avec les denrées alimentaires (algues, décomposition des déchets organiques...), mais les quantités produites seraient infimes par rapport au pétrole. Celui-ci dégage actuellement 10,3 milliards de tonnes de CO2 par an, ce qui a pour conséquence de faire grimper les températures et de dérégler tous les climats. L'idéal serait de ne plus le brûler du tout, le plus vite possible, et de ne l'utiliser que pour des usages nobles, tels que les plastiques et les médicaments.

oOo

La diminution des réserves conventionnelles est actuellement compensée par l'extraction de pétroles non-conventionnels, dans les sables bitumineux (au Canada) et les schistes bitumineux (aux États-Unis). Près de 70% de la progression de la production mondiale repose sur la production américaine. Les États-Unis sont devenus le premier producteur mondial de pétrole avec une production journalière de près de 11 millions de barils, devant l'Arabie Saoudite et la Russie. L'exploitation intensive du pétrole de schiste aux États-Unis devrait durer, tant les quantités à extraire semblent importantes. L'AIE a estimé que la production atteindra 17 millions de barils par jour en 2025.

La rentabilité des pétroles non-conventionnels est bien plus dépendante des cours du baril que ne l'est la production des pétroles conventionnels. Ainsi l'AIE s'inquiète des difficultés financières que rencontrent les producteurs de pétrole américains. Une grande partie des entreprises américaines qui extraient le pétrole de schiste seraient actuellement déficitaires. De plus, le coût de l'extraction est très supérieur à celui du pétrole conventionnel.

Mais l'industrie des pétroles de schistes alimente le marché, favorisant ainsi la baisse du cours du baril sous l'effet de l'abondance de l'offre, ce qui ne lui permet pas d'être rentable. Toutefois, la reprise de la demande de pétrole constatée depuis 2021, à la suite des levées des restrictions de déplacements donne un nouveau souffle au pétrole de schiste. Le nombre des faillites de producteurs américains a diminué dès le premier semestre. Malgré les intentions de l'administration Biden de limiter son utilisation, le pétrole de schiste constituera finalement une solution pour irriguer le marché mondial dans un délai raccourci.

Conclusions

Il serait bien prétentieux de conclure, mais il semble difficile de croire que l'exploitation de cette ressource ne s'atténue réellement avant quelques années tandis que les échéances s'imposent avec une urgence que rien ne semble faire évoluer...

L'industrie chimique

Caractéristiques actuelles du secteur

L'industrie de la chimic est l'une de celles qui a subi depuis les années 1970-1980, les restructurations les plus profondes. Cela tient à diverses évolutions notables :

- Substitution du charbon par le pétrole à partir des années 1960-70.

- Optimisations économiques des années 1980-90 : délocalisations et rapprochement des ressources.

- Depuis : Incidence du coût des transports.

- Récemment : découverte, ou plutôt prise en compte, des problèmes de pollution.

L'industrie chimique fabrique des produits par synthèse. Le secteur regroupe : la pétrochimie, le phytosanitaire, l'industrie pharmaceutique, la fabrication de polymères, de peintures et l'oléo-chimie… Elle fabrique des produits de base, des intermédiaires ou des produits finis.

- La chimie de base fabrique des réactifs tels que la soude, le chlore, l'éthylène, l'acide chlorhydrique et divers monomères. Ces produits servent le plus généralement de réactifs de départ ou de grands intermédiaires pour la fabrication de principes actifs. Ils sont parfois utilisés comme produits finis. Les réactifs sont issus de produits naturels ou de ressources ayant subi peu de prétraitements, naguère la houille, à présent le pétrole et divers minéraux.

- La Chimie fine (ou Chimie de spécialité), division de l'industrie chimique qui fabrique des composés et des principes actifs qui vont être utilisés dans des produits finis. Ces composés actifs sont conçus à partir des produits issus de la chimie de base. Elle s'applique notamment, entre autres, à l'industrie pharmaceutique.

Elle comprend deux secteurs distincts :

- La Chimie minérale qui utilise surtout des matières premières comme l'eau, l'air, le gaz, et des minéraux tels que le sel, le soufre, le calcaire, le sable, les phosphates... *Applications : fabrication de colorants et de pigments, de gaz industriels, ainsi que des produits de base comme le chlore, la soude, le ciment, les engrais...*

- La Chimie organique, désormais liée au pétrole, qui regroupe la fabrication de produits pétrochimiques (propylène, benzène, ...etc.), de matières plastiques (PVC, ...etc.), de caoutchouc synthétique (élastomères)...

Ces activités alimentent la parachimie dont les produits sont formulés en d'innombrables mélanges définies pour un usage spécifique : *traitement de l'eau, galvanoplastie, huiles essentielles, formulations pharmaceutiques... Savons et détergents, produits de beauté, peintures et encres, colles et adhésifs, produits de protection des plantes...* Produits utilisés dans d'autres secteurs : *construction, industrie aéronautique et automobile, différents métiers manuels... Papiers et cartons...*

La Chimie est l'un des principaux acteurs de l'économie de la France (le 1ᵉʳ secteur industriel exportateur) et l'un des secteurs les plus innovants de l'économie française : elle est le 4ᵉ secteur industriel en dépenses intérieures de Recherche & Développement et les effectifs dédiés à la recherche sont en progression constante (2 % / an depuis 10 ans, date d'introduction du CIR).

Bénéficiant de l'excellence française dans cette science (10 prix Nobel, une formation de haut niveau), c'est un secteur qui joue un rôle clé dans les grands défis d'avenir : mobilité durable, villes intelligentes, transition digitale, économie circulaire…

Mais l'industrie chimique est devenue très dépendante de la pétrochimie et de la carbochimie, et donc de matières premières tendant à se raréfier ou dont les prix tendent à augmenter. Elle tend donc à se diversifier en exploitant mieux le recyclage et les ressources naturelles plus renouvelables, moins polluantes et non-fossiles. On voit ainsi apparaitre la création de polymères à base d'amidon qui remplaceraient un nombre croissant de plastiques antérieurement issus du pétrole.

Selon la Commission européenne, l'industrie chimique s'est en 2013 bien remise de la crise de 2008. Elle a perdu des parts de marché de 2003 à 2013 dans l'Union européenne (qui en 2003 « était le plus gros marché des substances chimiques au monde avec environ 30 % des ventes mondiales »), au profit de la Chine. L'UE représente en 2012 environ 21 % des ventes mondiales de produits chimiques, juste derrière la Chine.

L'industrie chimique européenne resterait cependant, selon la Commission, le premier exportateur mondial du secteur avec un chiffre d'affaires qui a augmenté en termes absolus, peut-être en partie grâce au règlement européen REACH qui a aidé à harmoniser le marché et favorisé la chimie propre ou chimie verte, ce pourquoi la Commission encourage les États membres à continuer de veiller à l'application de REACH, « notamment le seuil de concentration de substances extrêmement préoccupantes contenues dans des articles, fixé à 0,1 %. Sans préjudice de l'interprétation que la Commission réserve à ces dispositions et de toute éventuelle procédure en cours contre des États membres pour manquement à une obligation découlant des traités, la Commission invite les États membres et les autres acteurs concernés à quantifier les éventuelles incidences de cette obligation actuelle de REACH sur l'environnement ou sur la santé ».

La Chimie offre des emplois qualifiés et durables (94 % des emplois en CDI) et des formations tout au long du parcours professionnel (en 2021, 80 % de salariés du secteur ont reçu au moins une formation dans l'année). Et elle ne recrute pas seulement des chimistes ! La Chimie fait appel à des compétences variées pour créer et innover, fabriquer, contrôler et préserver, promouvoir et distribuer... Elle prévoit d'accueillir 120 000 talents d'ici 5 ans, notamment par le levier de l'alternance auquel les entreprises ont de plus en plus recours (+ 25 % d'alternants en 2021).

Le secteur de l'industrie chimique est parmi les plus importants du monde, tant du point de vue technologique que du point de vue économique. Transformant par synthèse chimique les éléments naturels présents dans la nature, l'industrie chimique fournit tous les éléments de base de notre mode de vie actuel. Qu'il s'agisse du carburant raffiné que nous injectons dans nos réservoirs d'automobiles, du mobilier vintage de nos salons, des médicaments servants à traiter nos affections courantes ou encore des écrans numériques sur lesquels sont inscrits ces mots, tous ces produits proviennent de l'industrie chimique et font partie des objets du quotidien. À la pointe de l'innovation depuis la création des premières grandes entreprises de chimie au milieu du XIXème siècle, l'industrie chimique anticipe les besoins de demain par une recherche de haut niveau et des process de fabrication toujours plus performants et intelligents.

Les entreprises de l'industrie
chimique française

Première entreprise française de chimie, Total se classe dans les 10 plus importantes firmes de l'industrie mondiale. Fondée en 1924, Total a su diversifier ses actifs et développer autant sa branche pétrochimique que chimique (fine et de spécialité) afin d'être présente sur tout le marché mondial, de l'extraction à la transformation des matières premières en raffinerie jusqu'à la livraison de produits finis toujours plus performants. Bien que l'essentiel des revenus et bénéfices soient produits hors du sol national, Total contribue au PNB français de manière considérable.

L'Oréal, créée en 1909, est la seconde firme chimique française la plus importante, faisant de la famille Bettencourt et de ses actionnaires les plus riches d'Europe. Il ne s'agit pas ici de volumes importants ni d'industrie lourde mais tout au contraire de la chimie de spécialité. Celle-ci ayant été portée à son plus haut niveau de finesse grâce à des innovations techniques au service du renouvellement de la gamme cosmétique du leader mondial incontesté des produits de beauté.

Air liquide, troisième groupe français de la chimie industrielle, fondé en 1902. Il doit sa fortune et son développement international florissant aux procédés de liquéfaction de l'air mis au point par ses ingénieurs en pleine révolution industrielle. Air liquide possède le plus long réseau de canalisation de gaz au monde grâce auquel il fabrique et délivre ses produits liquéfiés à ses clients, de manière rapide et sécurisée. Pour la métallurgie, l'industrie pharmaceutique ou encore l'aéronautique, les gaz d'Air liquide sont indispensables pour les secteurs industriels et hospitaliers.

Arkema, autre fleuron de l'industrie française, est dédiée à la chimie de spécialité. Née en 2004 d'une branche de Total, cette entreprise se spécialise en création de matériaux hautes performances, en gaz fluorés et peroxydes, ou encore verre acrylique. Le groupe compte une soixantaine de sites industriels en France et en Europe où se concentre la plus grande part de son activité. Il connaît également un développement important en Amériques et en Asie.

Rhodia, bien que créée en 1999, est la cinquième industrie chimique française. Née d'une alliance entre Rhône-Poulenc et le groupe belge Solvay, Rhodia est implantée sur tous les continents. Le groupe produit autant de chimie fine (polyamide, solvant, peinture) que de la chimie de spécialité en étant le premier producteur mondial de phénols (parfums et arômes).

L'industrie agroalimentaire

Caractéristiques du secteur

Le Ministère de l'Agriculture avait établi, sur la base d'une demande présidentielle du 25 avril 2019 :

« L'élaboration d'un Pacte productif visant à atteindre le plein emploi à l'horizon 2025-2030, via l'augmentation de la production industrielle en France et l'adaptation de notre appareil productif aux mutations économiques et écologiques en cours et à venir. Le Pacte productif, associant État, collectivité territoriales et acteurs économiques, doit donc permettre de répondre aux défis posés par les grandes transitions numérique, écologique et démographique, en plaçant la France sur la trajectoire du plein emploi. Tout au long de l'année 2019, des travaux de consultation des acteurs économiques, sociaux et politiques ont permis d'esquisser cinq grandes orientations

- *Atteindre une économie zéro carbone en 2050, en incarnant la Stratégie nationale bas carbone dans l'appareil productif.*

- *Anticiper les besoins de compétences et former pour 2025.*

- *Faire de la France une économie de rupture technologique : en refondant la gouvernance des moyens consacrés à la recherche et à l'innovation autour de la réponse à des défis sociétaux prioritaires et en adoptant une logique de ciblage des moyens sur quelques marchés émergents à fort potentiel.*

- *Être compétitif pour produire en France, avec une mesure phare : l'allègement de la fiscalité de production, ainsi que des mesures visant à simplifier et accélérer les projets industriels.*

- *Engager un nouvel acte de décentralisation en matière de développement économique : il s'agit d'organiser le dialogue stratégique entre État et Régions et de définir la part que prendront les collectivités dans l'allègement de la fiscalité locale.*

Interrompus par la crise sanitaire liée au Covid-19, les travaux du Pacte productif ont été relancés en juin 2020, avec une ambition renouvelée pour assurer la résilience du système de production et des enjeux de souveraineté encore plus marqués. Ils ont débouché sur les actions de France relance, parmi lesquelles l'agroalimentaire occupe une place importante.

L'agriculture et l'industrie agroalimentaire font partie des secteurs prioritaires dans les travaux du Pacte productif, avec la mise en place d'un groupe de travail à haut niveau, présidé par les ministres. Le Contrat stratégique de la filière agroalimentaire (CSFA) signé le 16 novembre 2018 entre les ministres et les représentants de l'industrie - ANIA - rassemblant diverses personnalités du monde économique. Ces travaux ont permis d'approfondir les leviers à mobiliser pour traiter les points de fragilité du secteur agroalimentaire, tels que la situation de la balance commerciale, les problématiques de recrutement... Plusieurs mesures de France-relance visent directement à redonner au secteur agroalimentaire les bases d'une croissance durable. Parmi elles se trouvent :

- *Le plan de modernisation des abattoirs, qui vise à renforcer la compétitivité des outils d'abattage tout en les dotant des meilleurs standards en matière de protection animale et de maîtrise sanitaire.*

- *Le plan de structuration des filières protéines végétales, qui vise à soutenir les projets d'investissements de l'aval des filières de production de cultures riches en protéines.*

- *L'appel à projets « structuration des filières agricoles et agroalimentaires », qui vise à identifier et soutenir des projets d'investissements structurants s'inscrivant dans des démarches collectives mobilisant différents maillons d'une filière donnée.*

- *Un soutien massif aux Projets alimentaires territoriaux.*

-

Le secteur agroalimentaire bénéficie également fortement de plusieurs mesures transversales telles que :

- *L'appel à projets « soutien à l'investissement dans les secteurs stratégiques pour la résilience de notre économie », qui comporte un volet agroalimentaire.*

- *Mesures en faveur de la décarbonation, qui intéressent notamment toutes les industries fortement consommatrices d'énergie (sucre, amidon, lait…).*

- *Mesures en faveur du numérique, du conseil, de la logistique etc…*

La quatrième génération du Programme d'investissements d'avenir (PIA4) vise à consolider les positions françaises en matière d'innovation.

Il se fonde sur des mesures transversales destinées à soutenir les écosystèmes d'innovation, et sur un volet dirigé, basé sur le soutien aux secteurs prioritaires, qui feront l'objet de stratégies d'accélération. Les projets proposés dans le cadre de la stratégie d'accélération « alimentation durable pour la santé » reprennent une grande partie des actions déjà initiées dans le Contrat stratégique de la filière agroalimentaire.

Il s'agit tout d'abord de concrétiser le potentiel productif national en matière de nouvelles sources de protéines, et plus généralement de nouveaux aliments plus durables, de meilleure qualité nutritionnelle, répondant finement à des besoins de plus en plus ciblés et diversifiés. De même, le sujet de la qualité des viandes sera traité afin de mieux valoriser le potentiel de l'élevage français. L'industrie des ferments fera l'objet d'une attention particulière : il s'agit en effet d'un enjeu de souveraineté important, tant en ce qui concerne les produits français traditionnels (vins, bière, fromage, panification …) que les produits émergents.

Il existe des verrous importants en matière d'alimentation personnalisée, qui passeront en particulier par une meilleure compréhension du fonctionnement du microbiote. Le développement des segments qualitatifs tels que le bio sera bien entendu également central. Les outils numériques auront un rôle essentiel à jouer pour répondre aux demandes de transparence du consommateur en matière de composition et d'origine des produits, mais aussi de conditions environnementales et sociales de production.

Les enjeux en matière d'emploi et de compétences sont également très importants pour l'industrie agroalimentaire, qui, encore plus que les autres secteurs industriels, peine à recruter des personnels qualifiés, et est confrontée à un besoin très important de modernisation de ses outils. Le rattrapage à effectuer en matière d'investissement, d'automatisation et de digitalisation doit aller de pair avec une adaptation des compétences, et avec une action en profondeur sur les conditions de travail et l'attractivité des métiers.

Le volet agricole et agroalimentaire de France relance s'inscrit en parfaite continuité avec les États généraux de l'alimentation (EGA), l'un des chantiers phares lancés dès 2017. L'objectif des EGA était de faire évoluer le secteur alimentaire afin qu'il réponde à la fois à un impératif de transition écologique et aux besoins des consommateurs, y compris de ceux aux revenus les plus modestes, tout en assurant une juste répartition de la valeur dans la chaîne alimentaire.

Le dynamisme économique du secteur

Premier secteur industriel français, l'agroalimentaire est l'un des secteurs clés de notre économie. En 2017, avec près de 45 milliards d'euros de valeur ajoutée, il était le premier secteur des industries manufacturières, qui représentaient quant à elles 23 % de la production intérieure brute nationale. Cependant, en 2019, la production en volume des industries agroalimentaires était en baisse (-0,6 %), prolongeant une tendance observée depuis 2011. Les fabrications de boissons sont en repli (-1,1 %), tout comme les fabrications de produits alimentaires (-0,5 %). L'ensemble des filières est touché, à l'exception des produits laitiers, des aliments pour animaux et de la boulangerie-pâtisserie. De plus, en 2019, les dépenses de consommation alimentaire des ménages reculent en volume (-1,8 %) pour la deuxième année consécutive.

Le secteur agroalimentaire français est constitué en grande majorité d'entreprises de moins de 10 salariés (79 %). Les grandes entreprises de plus de 250 salariés représentent moins de 2 % des entreprises du secteur, mais réalisent plus de 45 % de son chiffre d'affaires. Si le nombre d'emplois dans les industries manufacturières décline, celui dans les industries agroalimentaires augmente depuis 2013. En 2017, parmi les secteurs les plus pourvoyeurs d'emplois, le secteur de la viande et préparation à base de viande employait 106 436 salariés, les produits laitiers comptaient 78 000 salariés, et la fabrication de boissons employait 74 298 salariés. À cette disparité sectorielle s'ajoute une forte disparité régionale. En effet, en 2017, le secteur agroalimentaire employait 61 002 salariés (ETP) en Bretagne, 47 979 en Pays-de-la-Loire, 39 334 en Auvergne-Rhône-Alpes et 37 876 en Hauts-de-France. La même année, il comptait 333 salariés en Guyane, 984 en Corse, 1 425 en Martinique et 1 650 en Guadeloupe.

Au niveau européen, l'industrie agroalimentaire française - incluant la fabrication de boissons et le commerce de gros - se situe au deuxième rang en termes de chiffre d'affaires avec près de 370 milliards d'euros, derrière l'Allemagne avec 481 milliards d'euros et devant l'Italie avec 276 milliards d'euros. Par ailleurs, le secteur agroalimentaire est le troisième poste d'excédent commercial de notre pays avec 7,9 milliards d'euros en 2019. C'est l'un des secteurs qui contribue le plus à la puissance exportatrice française, avec la construction aéronautique et l'industrie chimique, parfumerie et cosmétique.

D'après les résultats de l'enquête annuelle réalisée par le groupe RIA sur un échantillon de 127 sociétés et groupes français, le chiffre d'affaires des entreprises agroalimentaires de plus de 100 millions d'euros n'a progressé que de 0,3 % en 2018 contre 3,4 % l'année précédente.

En haut du classement des groupes français selon leur chiffre d'affaires, on retrouve les groupes Danone, Lactalis et Pernod-Ricard, qui restent les leaders français de l'agroalimentaire, devant les groupes coopératifs Avril et Agrial. Très internationalisés, ils réalisent plus de 80 % de leurs activités hors de France, et jusqu'à 94 % pour Pernod-Ricard. 8 coopératives sont présentes dans le classement 2019 des 25 leaders français. S'il ne fait pas partie de ce classement pour des raisons méthodologiques, il est à noter que le groupe InVivo, réseau de 201 coopératives sociétaires, affiche un chiffre d'affaires de 5,2 milliards d'euros. Il s'agit du 1er groupe coopératif agricole français.

Cette enquête témoigne également de la vigueur de certains marchés, comme l'alimentation issue de l'agriculture biologique, le végétal ou le snacking. En atteste la croissance de PME françaises à l'instar de Mix Buffet (8e au classement des plus fortes progressions en termes de chiffre d'affaires, avec +13,6 %), Charles & Alice (11e avec +10,3 %) ou Léa Compagnie Biodiversité (13e avec +10,1 %).[5]

---

[5] Extrait du « panorama des industries agroalimentaires » Document du ministère de l'agriculture et de l'alimentation- 2020

Perspectives

Le PSN français cherche à améliorer la compétitivité durable des filières, la création de valeur,la résilience des exploitations et la sobriété en intrants au service de la sécurité alimentaire. Il contribue à l'atteinte des objectifs du Pacte vert et de la neutralité carbone, en combinaison avec d'autres outils de politique publique déployés à cet effet, en mettant l'accent sur la diversification des cultures, la préservation des prairies, les synergies entre cultures et élevage, la production des légumineuses, une présence renforcée d'infrastructures écologiques en particulier les haies, et le développement de l'agriculture biologique.

Les aides au revenu des agriculteurs sont consolidées pour maintenir ce filet de sécurité indispensable à la capacité de production, d'investissement et à la compétitivité de nombreuses exploitations dans un contexte de volatilité, et pour offrir la capacité au plus grand nombre d'investir dans la transition. A cette fin, le taux de transfert du 1er vers le 2ème pilier est fixé à 7,53%, permettant de dégager des crédits pour les nouveaux besoins en FEADER.

L'aide de base au revenu sera distribuée aux bénéficiaires disposant de droits à paiement de manière plus équitable, avec une convergence progressive atteignant 90% d'ici à 2026 (recommandation 1). Le paiement redistributif est mobilisé à hauteur de 10% des paiements directs sur les 52 premiers hectares des exploitations, consolidant son effet avec une SAU moyenne désormais à 69 ha, et préservant les zones intermédiaires.

La France fait partie des Etats membres dans lesquels les aides de la PAC sont les mieux réparties, les 20% plus grands bénéficiaires percevant 51% des aides, contre 81% en moyenne dans l'UE. La France a choisi de cibler les soutiens sur les filières en difficulté, indispensables à la résilience des territoires. En effet, le recensement agricole 2020 montrent que sur les dix dernières années, le nombre d'exploitations a diminué de 21%. Ce recul est particulièrement marqué en élevage, avec une baisse de 31% du nombre d'exploitations spécialisées élevage, et en polyculture-élevage avec une baisse de 41%.

52% des exploitations françaises sont ainsi désormais spécialisées en production végétale. C'est ainsi que 15% des paiements directs sont consacrés aux aides couplées principalement dans le secteur de l'élevage de ruminants ainsi qu'à une forte augmentation de l'enveloppe consacrée aux légumineuses pour accroître l'autonomie des systèmes.

En parallèle, pour améliorer la rémunération et la compétitivité des agriculteurs, le PSN encourage le regroupement de l'offre, la qualité et la montée en gamme des produits, la coopération et la structuration de filières et les circuits courts. Cela permettra de renforcer encore la performance sanitaire, environnementale et sociétale de l'offre alimentaire et la sobriété en intrants, notamment au travers des aides à l'investissement (recommandation 2) pour mieux répondre aux consommateurs tout en créant davantage de valeur (recommandations 2 et 3). Pour améliorer la résilience des exploitations face aux fluctuations de prix et aux aléas, les leviers agronomiques, d'investissement, de fonds mutuels et d'assurance sont activés pour mieux prévenir, protéger et couvrir contre les risques. Sur le plan environnemental, le PSN s'inscrit dans les trajectoires européennes. L'éco régime représentera 25% des aides directes dès 2023 et les dépenses environnementales du 2ème pilier dépasseront 40%. L'architecture environnementale vise à réduire la spécialisation et l'intensification des productions, en incitant à la diversification des productions végétales et à la recherche de synergies entre élevage et cultures (recommandation 3), favorables à la résilience et la sobriété en intrants.

La conditionnalité renforcée et l'éco régime visent une mise en œuvre à grande échelle de pratiques favorables à la lutte climatique, à la protection des ressources naturelles et de la biodiversité. Parmi les voies d'accès à l'éco régime, la diversification des cultures qui incite à la production de légumineuses, la couverture végétale en viticulture et arboriculture, et la certification environnementale dont l'agriculture biologique (AB), sont emblématiques de la recherche de sobriété en engrais et pesticides[6].

---

[6] Extraits du Plan Stratégique National de la PAC 2023-2027

La production du sucre

Historique

Durant l'Antiquité et le Moyen Âge, le sucre est rare et coûteux, au même titre que d'autres épices, comme le safran ou la noix de muscade. Au 13e siècle, le port de Venise devient un centre de traitement du sucre venu du Proche-Orient. Le premier pain de sucre apparait dans cette ville au 15e siècle. Il s'agit d'un bloc de sucre cristallisé de forme conique résultant de la dernière étape du raffinage : la cristallisation. Un sirop de sucre est coulé dans une forme conique renversée à l'intérieur duquel se forment des cristaux. La pointe laisse échapper l'eau résiduelle.

A la fin du 15e siècle, les plantations de canne à sucre se développent aux Antilles, puis en Amérique du Sud, notamment au Brésil. Le sucre devient la première denrée coloniale. Elle est à l'origine du « commerce triangulaire » : des armateurs européens échangent de la pacotille contre des hommes dans les pays d'Afrique, ensuite vendus comme esclaves en Amérique. Puis les navires reviennent en Europe avec les produits des colonies, dont le sucre.

Au début du 19e siècle, en réponse au blocus anglais sur le sucre en provenance des Antilles, Napoléon ordonne la culture de betteraves sucrières sur les terres françaises - le principe sucrant de la betterave ayant été découvert en 1757 par le chimiste allemand Marggraf. En 1811 apparaît la première usine rentable de transformation de la betterave sucrière en France. Puis, à la fin du 19e siècle le sucre se démocratise, par suite de l'exploitation de la betterave sucrière.

Procédés

Les procédés d'extraction du sucre de canne et de betterave sont sensiblement les mêmes, à cela près que la canne à sucre est préalablement broyée alors que la betterave sucrière est tranchée. Le broyage puis le pressage de la canne à sucre se font dans des moulins qui permettent d'en extraire le jus qui contient la totalité du sucre. Le sucre des betteraves est extrait par osmose dans des cylindres de diffusion dans lesquels on fait circuler de l'eau chaude. En passant à travers les tranches de betterave, l'eau devient de plus en plus sucrée. Dans les deux cas, on obtient un jus concentré dans lequel se forment, en refroidissant, des cristaux de sucre pur : c'est la cristallisation. Qu'il soit issu de la betterave ou de la canne, le sucre de table ou sucre blanc est du saccharose.

Les cristaux du sucre brut contiennent encore des impuretés que le raffinage a pour but d'éliminer pour obtenir un sucre blanc. Plusieurs produits résultent des différentes phases de cette opération. La mélasse, qui est le résidu sirupeux issu de la cristallisation du sucre de canne ou de betterave. Elle est vendue pour un usage domestique ou pour être transformée en alcool dans la fabrication du rhum. Le sucre glace est un sucre cristallisé broyé très fin issu de la betterave ou de la canne à sucre. La cassonade ou sucre roux n'est fabriquée qu'à partir de la canne à sucre. L'extraction du sucre se fait de manière « douce » : par broyage concernant les cannes et par diffusion concernant les betteraves. Les morceaux de cannes sont donc pressés par plusieurs moulins. Les morceaux de betteraves, quant à eux, circulent dans une eau qui s'enrichit progressivement en sucre pour former un jus de sucre. Ce dernier contient des impuretés (sels minéraux, composés organiques, etc.) qu'il faut éliminer. Cela se fait par une épuration dite calcocarbonique. Elle consiste à ajouter du lait de chaux puis du gaz carbonique de manière à transformer les impuretés en sels ou à les faire précipiter. Le jus ensuite filtré contient encore 85 % d'eau, qui va être éliminée par évaporation.

Porté à ébullition, il va traverser plusieurs chaudières, avec des températures et des pressions qui iront en diminuant. En fin de cycle, on obtient un sirop composé de quelque 70 % de saccharose. Dans une chaudière à cuire sous vide, de très fins cristaux de sucre vont ensuite ensemencer le sirop et sa cristallisation va se généraliser. Ce raffinage peut également se faire chimiquement, à l'aide d'alcool isopropylique ou de bleu anthraquinonique.

Le mélange est ensuite envoyé dans des turbines où, sous l'action de la force centrifuge, le sucre blanc va se déposer sur les parois. Puis, il sera séché à l'air chaud, refroidi et stocké avant d'être conditionné, du moins pour ce qui concerne le sucre de betterave. Le sucre de canne subira, quant à lui, en général, trois cycles de cuisson et d'essorage. Objectif : tirer un maximum de sucre d'une même quantité de canne. Le sucre récupéré après chaque cycle, en revanche, sera de plus en plus chargé en impuretés.

Bilan environnemental

Le sucre est fabriqué à partir de betterave sucrière ou de canne à sucre. En 2015, pas moins de 172 millions de tonnes de saccharose ont été produites, selon le département de l'Agriculture des États-Unis.

C'est en fin d'année que les betteraves sont récoltées, entre septembre et décembre. Les cannes, quant à elles, sont coupées entre juillet et novembre du côté de la Réunion et de février à juin aux Antilles. Elles sont ensuite acheminées vers la sucrerie où elles ne peuvent être stockées longtemps, sous peine de perdre de leur concentration en sucre. Elles y sont donc rapidement lavées et découpées. La betterave sucrière est l'une des plantes de laquelle est extrait le sucre. En France, elle est essentiellement cultivée dans la partie nord du pays. C'est elle qui donne la majorité du sucre que nous consommons.

Virginie Pinson expose, le 26 mai 2021 que : « *La production mondiale de sucre devrait atteindre 186 millions de tonnes sur la campagne 2021/22* ». Six millions de plus que lors de la précédente, estime l'USDA.

La hausse de la production en Inde, en Thaïlande et dans l'Union européenne devrait plus que compenser la baisse brésilienne, tandis que les Etats-Unis et le Mexique devraient garder une offre stable. L'Union devrait produire 15,8 millions de tonnes de sucre, soit 7 % de plus que la mauvaise campagne précédente. Alors que les échanges sont attendues stables, les stocks européens devraient progresser. Aux Etats-Unis, la production atteindrait le record historique de 8,4 millions de tonnes, légèrement au-dessus de son niveau précédent, la hausse de la production de betterave compensant la baisse de la cane en Louisiane. Une météo défavorable, des incendies et un marché plus favorable au soja devraient entrainer un recul de 5 % de la production brésilienne, à 39,9 millions de tonnes.

En Inde, l'USDA s'attend à une hausse de 3 % de la production à 34,7 millions de tonnes sous l'effet d'une météo favorable, le Pakistan pourrait produire 6,8 millions de tonnes de sucre soit une hausse de 14 % par suite de la hausse des superficies et des rendements.

La Thaïlande pourrait produire 3 millions de tonnes de plus que l'année précédente, à 10,6 millions de tonnes, aussi grâce à une hausse des surfaces et des rendements mais aussi une météo propice.

La consommation mondiale devrait atteindre un nouveau record historique, repartant de plus belle après la pandémie et tirée par la croissance des marchés chinois et indiens.

Evolution du secteur

L'approvisionnement du sucre de canne en provenance des colonies est bloqué à partir de 1806, date à laquelle Napoléon Bonaparte décrète contre l'Angleterre le Blocus continental. Un appel d'offres est lancé par l'État en mars 1811 en vue de trouver le moyen de transformer le sucre à partir de la betterave. En janvier 1812, Benjamin Delessert livre à l'Empereur le premier pain de sucre produit de la sorte dans l'une de ses usines textiles reconvertie en sucrerie.

La filière est immédiatement lancée : plantation de 100 000 hectares de betteraves, distribution de 500 licences de producteur, octroi de bourses pour les étudiants. L'activité est localisée dans les grandes plaines de culture du Nord de la France, sous la forme de petits ateliers en lien avec des exploitants agricoles. L'abolition de l'esclavage en 1848 déstabilise les modes de production coloniaux et le sucre de betterave l'emporte définitivement sur le sucre de canne. L'idée d'extraire le sucre de plantes autres que la canne à sucre, la betterave notamment, fait l'objet de recherches et va se concrétiser sous les contraintes des guerres napoléoniennes. En 1811, un Décret impérial charge les Préfets de veiller à la mise en culture de la betterave dans pratiquement tous les départements français. En 1812, un autre Décret impérial met en place des licences de fabrication de sucre de betterave. Ce Décret fonde l'industrie du sucre de betterave en France. Cette production s'effectue alors dans de multiples fermes-usines. En 1814, plus de 200 sucreries de betterave sont en activité. Entre 1840 et 1873, la production de sucre de betterave passe de 27 000 à près de 300 000 tonnes. Les fabricants de sucre commencent à s'organiser : en 1867 à Douai, a lieu l'Assemblée Générale constitutive du "Comité Central des Fabricants de Sucre", transformé en 1886 (à la suite de la Loi sur les syndicats professionnels de 1884) en Syndicat National des Fabricants de Sucre. De 1874 à 1884, la sucrerie française connaît des moments difficiles du fait de la concurrence des sucres allemands et autrichiens bénéficiant d'un système de soutien favorable.

En 1884, la Chambre des Députés vote une réforme fiscale :
l'impôt n'est plus assis sur le sucre mais sur la betterave, ce qui
encouragera le développement de betteraves riches en sucre et
permettra de redresser la situation de l'industrie sucrière
française.

Pendant la première guerre mondiale, les sucreries souffrent de
très nombreuses destructions. Mais le mouvement de
reconstruction qui a suivi a donné lieu à des restructurations :
les sucreries reconstruites sont plus grosses et la structure du
capital change : de petites sociétés familiales se regroupent
sous l'égide d'un seul propriétaire. Entre 1912 et 1927, le
nombre de sucreries passe de 213 à 108.

Le niveau de production ne rattrape celui d'avant-guerre (soit
en moyenne plus de 700 000 tonnes) qu'à partir des années
1930, ce qui engendre alors une crise de surproduction du fait
du maintien d'un flux d'importation des colonies. Face à cela,
les fabricants de sucre français mettent en place un
contingentement volontaire de la production et un financement
des exportations, dispositif qui deviendra vite d'ordre public.
C'est l'émergence d'une organisation économique et d'une
interprofession qui perdureront jusqu'à aujourd'hui.

De nombreuses sucreries sont, à nouveau, détruites pendant la
seconde guerre mondiale. Après-guerre, dans le cadre du
renouveau économique, plusieurs nouvelles sucreries sont
construites et certaines distilleries sont encouragées à se
transformer en sucreries. La campagne 1953/1954 se
caractérise par le nombre le plus élevé de sucreries en activité
après la seconde guerre mondiale : 110 sucreries qui produisent
près d'1,5 million de tonnes de sucre.

Ce développement de la production de sucre nécessite de
remettre en place le système de contingentement et de
financement des exportations qui existait avant-guerre, mais
avec la participation des planteurs de betterave. Ainsi,
l'organisation de l'interprofession se renforce. Le Groupement
National Interprofessionnel de la Betterave, de la Canne et des
Industries Productrices de Sucre et d'Alcool (qui deviendra
plus tard le CIPS) est créé en 1954. Le Centre d'Etudes et de
Documentation du Sucre (CEDUS) est créé en 1955.

La première convention collective des sucreries, sucreries-distilleries et raffineries est signée le 8 juin 1955. Pendant cette période d'après-guerre, l'industrie sucrière et la production de betterave connaissent des progrès techniques et technologiques considérables.

Le Traité de Rome signé en 1957 et la nouvelle Politique Agricole Commune transfèrent la gestion des principaux marchés agricoles, dont le sucre, des États vers la Communauté Économique Européenne. Le premier règlement sucre ou Organisation Commune du Marché du sucre (OCM Sucre) est adopté en 1967. Il reprend les principes de contingentement de la production, sous le terme de quotas, de prix de soutien et d'aides à l'exportation.

Le règlement sucre s'est adapté aux élargissements successifs de l'Europe, aux contraintes budgétaires, à l'accord de l'OMC de 1994. Ses grands principes d'organisation perdurent encore, malgré les ouvertures du marché communautaires aux importations et la réforme de 2006. Cette dernière a fortement réduit les quotas de production, les prix de soutien et les possibilités d'exportation et encouragé une forte restructuration de l'industrie sucrière en Europe, avec 79 usines fermées sur un total de 183, dont 5 en France sur un total de 30.

Depuis sa création, l'OCM Sucre a favorisé un développement économique important de l'industrie sucrière en Europe et en France. Entre 1960 et 2012, la production de sucre est passée de 2,5 à près de 5 millions de tonnes. Elle a également donné lieu à des mutations du capital de grande ampleur, par fusions. Le nombre de sucreries françaises est passé de 102 en 1960 à 25 en 2012 et le nombre de sociétés sucrières est passé de 84 à 7 (en fait 5 centres de décision). Cette évolution est symptomatique, elle dépend directement de la manière dont cette industrie se structure et se concentre. A ce jour, le nombre de sociétés sucrières est passé de 12 en 2005/06 à 7 en 2013/14 (5 groupes). Dans l'UE, 79 sucreries ont été fermées entre 2005/06 et 2009/10, soit plus de 40% des usines.

TENDANCES ET PERSPECTIVES
De la commune à la Nation

Nous vivons une époque singulière à de multiples titres : L'organisation actuelle de l'ère de la consommation fait qu'il est requis d'emprunter des parcours originaux pour tenter de nous adapter au devenir qu'elle engendre. Pour cela il faut en discerner les perspectives.

La notion de commune comme base du découpage territorial est en train d'éclater. Alors que les villages traditionnels étaient implantés en raison de motifs adaptatifs : voisinage d'un point d'eau, abri vis-à-vis des intempéries, fertilité de la terre, densité de l'occupation forestière... Les lotissements sont établis en fonction de l'infrastructure routière et de la spéculation foncière.

Autour des agglomérations, les campagnes sont de plus en plus souvent occupées par des lotissements. L'impacts exacts de ce mouvement centrifuge catalysé par la spéculation immobilière aboutit à ériger dans le voisinage des agglomérations des constructions artificielles, écologiquement dépendantes et impropres à autoriser une quelconque autonomie. De plus, la télévision d'une part, la diffusion de l'automobile de l'autre et les centres commerciaux ont totalement bouleversé la sociologie de l'occupation territoriale.

A la fin du XIXème siècle, l'école de Jules ferry était parvenue, par sa diffusion dans les fins fonds des provinces, à une homogénéisation de la citoyenneté autour du roman national. Cela a permis la mobilisation de 1914-18... Dont a résulté un certain ressentiment vis-à-vis de la Nation dévoreuse de vies, puis une stagnation relative de la natalité compensée par le recours à l'immigration, d'abord européenne puis actuellement africaine.

Désormais, racketté de toutes parts et au bord de la ruine l'Etat tend à restreindre son influence aux vastes concentrations urbaines dont l'équilibre écologique déjà périlleux en temps normal deviendra de plus en plus difficile à gérer : l'approvisionnement alimentaire impose des flux en progression constante. Les risques de ruptures augmentent avec les densités et la dépendance d'une masse croissante d'oisifs vivant de charités plus ou moins institutionnelles.

L'Etat sera donc contraint, par la hiérarchie des urgences, de négliger davantage encore les communautés rurales comme il néglige déjà les banlieues qu'il se contente de rénover mais ne peut plus vivifier.

Au fond c'est l'unité même de l'Etat qui est en cours de délabrement. Et cette réalité impose ses propres conséquences. Mais ce raisonnement se fonde sur des données rarement envisagées dans leur ensemble :

- La prolifération logistique de l'espèce induit un rajeunissement considérable. Les processus éducatifs se simplifient et il en résulte une régression globale : Retour aux organisations archaïque soumises à nos grands délires immémoriaux.

- Corrélativement, on assiste et assistera à une régression de la maîtrise des techniques par l'effacement des disciplines nécessaires pour acquérir les compétences requises.

- On ne sait comment cela se déroulera mais il est certain que la population humaine globale subira prochainement un effondrement massif par la conjonction de l'exaspération des conflits et de la réduction des ressources.

- Le retour à une paix relative se fera, dans chaque contexte particulier, à l'issue de l'épuisement de toutes les forces antagonistes en présence.

Il convient de plus d'intégrer divers paramètres qui définissent notre contexte.

- Renoncer à nous voir comme l'alfa et l'oméga de l'univers. Cela ne signifie pas qu'il s'agit d'adopter un point de vue antihumaniste, mais de relativiser notre rôle et notre fonction dans l'univers.

- Savoir que la Conscience n'est pas une vertu, et qu'elle n'a rien de sacré. Car elle échoit à tous sans que nul n'y soit pour grand-chose.

- Se situer par-delà tout jugement moral : L'agressivité est une tendance positive, elle est pulsion de vie. Exister signifie s'imposer et s'imposer c'est toujours combattre. Ce n'est pas seulement la conscience qui se pose en s'opposant, c'est toute l'alchimie de l'existence.

- Voir la plupart des cultures pour ce qu'elles sont : Des préjugés inculqués dès la tendre enfance, fruits de l'expérience des anciens adaptés aux conditions d'existence du passé. Leur variété est vaste mais elle n'est pas infinie, et on peut aisément identifier des constantes car il y a de profondes analogies entre elles.

Ces hypothèses imposent une discipline d'analyse dont nous tentons de tirer les conséquences vis-à-vis des œuvres rencontrées dans le foisonnement contemporain. Elles nous autorisent ici à édifier un point de vue qui pourrait paraitre requis à ceux qui ne se contentent pas de se payer de mots…

Le survivalisme

Le sociologue Bertrand Vidal de l'université Paul Valéry de Montpellier a produit un essai sur le survivalisme.

Il expose : « *Il faut toujours entretenir le juste milieu quand on fait des recherches, surtout sur la longue durée. J'ai réellement commencé mes études sur le survivalisme en 2012, et je les poursuis encore, mais avec un peu plus de recul... Je considère qu'il faut être à la fois passionné, donc avoir une certaine intimité avec son sujet, et à la fois entretenir aussi une certaine distance pour pouvoir produire quelque chose de l'ordre de la connaissance, et du savoir sociologique... je pense qu'il y a un réel phénomène autour du survivalisme aujourd'hui. Le succès du salon du survivalisme... en est témoin. Avec comme sponsor l'armée et des enseignes commerciales, ce salon est la preuve qu'il y a un marché derrière le phénomène. Cette question est difficile, parce que j'estime que le survivalisme en soi est de l'ordre du pur imaginaire. Quand Kurt Saxon crée le terme, il le fait par rapport à une anticipation, à quelque chose de l'ordre de la création de l'esprit. ...Aujourd'hui, même s'il a beaucoup évolué, le survivalisme ne parle toujours pas du présent, de ce qui existe, mais de l'avenir, de ce qui est possible. À partir de là, j'estime que le survivalisme pratique ce que j'appelle une forme de roman. C'est une pratique discursive, de l'ordre de l'affabulation. Ce n'est pas un terme négatif, cela veut simplement dire que les survivalistes racontent des histoires afin de fédérer des individus : les politiques font la même chose ! Et les leaders survivalistes actuels, comme Vol West, continuent à romancer le monde. En bref : « Le survivalisme existe tout en n'existant pas ». Face à un monde complexe où l'individu est en manque de repères, ils vont créer des récits, des vérités imaginaires, qui réussiront à donner un sens à leur existence. Aujourd'hui, ces anticipations ont changé de médium, de format : on est passé de l'écrit à YouTube. Mais derrière, le mécanisme est le même. Pour moi, le survivalisme existe tout en n'existant pas.*

Wikipédia fournit un historique sommaire

L'histoire commence en 1902, l'officier de marine Georges Hébert coordonna le sauvetage de 700 personnes d'une éruption volcanique. Profondément affecté par cette expérience, il développa l'hébertisme, une activité physique qui permettrait d'« Être fort pour être utile », utile aux autres et par extension à soi-même. L'hébertisme est avant tout une méthode d'éducation physique complète, naturelle et utilitaire.

Dans les années 1960 aux États-Unis, l'inflation et la dévaluation ont incité certaines personnalités à conseiller aux populations de se préparer. En 1967 un architecte, Don Stephens commença à populariser l'idée d'un nécessaire de survie.

Au cours des années 1970, au début de la crise pétrolière de 1973, un livre du conseiller financier Howard Ruff « Famine et survie en Amérique, » diffusait l'information que différents métaux précieux, dont l'or, avaient plus de valeur et devaient être favorisés dans le cas d'un imminent effondrement économique.

De nombreux livres de « survie » furent publiés à la suite de celui-ci, dont celui de Kurt Saxon qui décrivait les méthodes des pionniers du XIXe siècle. C'est Saxon qui utilisa le terme « survivaliste » le premier... Par la suite, des auteurs comme Mel Tappan (qui publia entre autres le bulletin « Personal Survival Letter » de 1977 à 1982) publièrent des ouvrages sur le même thème.

Dans les années 1980, l'auteur et commentateur politique de tendance libertarien John Pugsley publie La Stratégie Alpha (Alpha Strategy: The Ultimate Plan of Financial Self-Defense for the Small Investor.), qui devient un best-seller et est considéré encore aujourd'hui comme une référence parmi les survivalistes américains. À la même période, où voit se dérouler la course aux armements nucléaires entre les deux blocs, paraît le livre Life After Doomsday : A Survivalist Guide to Nuclear War and Other Major Disasters (1980) de Bruce D. Clayton.

Dans les années 1990, le mythe du « bogue de l'an 2000 » redonne une seconde vie au courant survivaliste. Puis dans les années 2000, les événements des attentats du 11 septembre 2001 et la guerre contre le terrorisme ravivent également la crainte d'un désastre imminent, comme imaginé dans les années 1960 et 1970. La crise financière de 2007-2009 poursuit le phénomène, ainsi que les catastrophes naturelles qui suivent (par exemple, les tempêtes de décembre 1999 en Europe, le séisme de 2004 dans l'océan Indien, la tempête Xynthia en 2010, etc.).

Plus récemment, le besoin d'être simplement prévoyant de la part de certains individus ainsi que de se distancier des connotations sectaires, extrémistes, et/ou ultra-individualistes collant au survivalisme, en particulier aux États-Unis, a donné naissance au terme « *prepper* » (de *prepping* : diminutif informel de « se préparer »).

Evolution du survivalisme

Selon Bertrand Vidal, une évolution du survivalisme s'est bien produite au début du XXIᵉ siècle : « *Si au départ l'on pouvait dire qu'il existe une unique population survivaliste qui pouvait se définir racialement, politiquement, économiquement et autres, aujourd'hui le mouvement est protéiforme, multiple, transgénérationnel. Tout le monde peut, un jour, devenir survivaliste.* » « *Le "prepper", s'il ne diffère pas du survivaliste quant aux pratiques mises en œuvre pour la survie [...], la préparation au pire, se présente plutôt comme un mode de vie, une attitude quotidienne que comme un moyen de survie.* » Le survivaliste se prépare en fonction de la situation anticipée. La préparation la plus importante est celle pour un événement qui touche personnellement les individus, comme : un accident (de la route, domestique) ; un incendie au domicile ; un cambriolage ; une agression ; une situation d'isolement dans la nature : le canadien Les Stroud, parfois qualifié d'expert survivaliste, en est le représentant le plus médiatisé. Ensuite, viennent les événements locaux, touchant une zone limitée, par exemple des suites du mauvais temps ou de troubles sociaux : coupure d'électricité, de gaz ou d'eau ; rupture des circuits d'approvisionnement en nourriture ; rupture des services publics (interruption des services de police, de pompiers, etc.) ; catastrophes naturelles (tornades et ouragans, tremblements de terre, blizzards, inondation, éruption volcanique, tsunami...) ou non (accident nucléaire, rupture de barrage). Enfin, viennent les événements à échelle régionale, nationale ou mondiale. Lors de ces événements, chaque individu est livré à lui-même : catastrophe économique ; catastrophe naturelle mondiale (réchauffement climatique) ; pandémie ; guerres, et conflits humains (guerre nucléaire, guerre biologique, guerre chimique, guérilla, attaque terroriste, guerre civile) ; désordre consécutif à la catastrophe primaire, ou à l'effondrement global : pénurie en eau potable, aliments sains, énergie et médicaments, dissolution de l'ordre social, développement de conflits autour des ressources restantes.

Pour résumer tout cela, se protéger contre une épidémie de type « zombie » est une métaphore courante. Ce type de catastrophe fictive rassemble presque tous les risques possibles.

"Les préparatifs courants comprennent la création d'un lieu de retraite clandestin ou défendable, d'un refuge en plus du stockage de nourriture non périssable, d'eau, d'équipement de purification de l'eau, de vêtements, de semences, de bois de chauffage, d'armes de défense ou de chasse, de munitions, de matériel agricole et de fournitures médicales. Certains survivants ne se préparent pas de façon aussi poussée et intègrent simplement un point de vue « Soyez prêt » dans leur vie de tous les jours.

Il est possible de créer un sac d'équipement, souvent appelé sac d'évacuation (BOB) ou « sac d'esquive » (get out of dodge ou GOOD) , qui contient les nécessités de base et des articles utiles. Il peut être de n'importe quelle taille, pesant autant que l'utilisateur soit capable de le transporter.

« Après le 11 septembre, on s'est rendu compte qu'aucun discours utopiste n'était possible ». À cet égard, le 11 septembre 2001 est un évènement très important dans notre imaginaire et notre histoire sociale et culturelle : c'est la fin de nos espérances. On s'est rendu compte qu'aucun discours utopiste n'était possible. Et c'est ce qui m'a intéressé, plus que de dire que notre avenir sera meilleur. D'ailleurs, peut-être que les survivalistes ont raison, je n'en sais rien ! La modernité s'est caractérisée par des discours utopistes et progressistes, mais aussi par des discours totalitaires. On n'avait pas le choix : il fallait accepter la valeur travail, c'est-à-dire de se réaliser par le travail. Il fallait accepter la domination de l'Etat-nation sur l'individu. « Les survivalistes ne croient plus du tout à l'émancipation par le progrès ». Par ailleurs : « C'est peut-être triste que le survivalisme soit un loisir de nantis, mais c'est un fait ». Ce désir d'harmonie, de localisme, de retour à une agriculture responsable ou durable n'est exprimable qu'une fois qu'on a dépassé un certain seuil.

C'est peut-être triste que le survivalisme soit un loisir de nantis, mais c'est un fait. Pour adorer la nature, il faut en avoir eu un peu marre de la ville. « Les survivalistes signent la fin de toutes les utopies que l'Occident a porté ». Ce n'est pas forcément un risque, mais plutôt un constat : les survivalistes signent la fin de toutes les utopies que l'Occident a porté. Certaines ont été désastreuses sur de nombreux points, mais au moins, on n'était pas dans des dystopies. Le risque c'est que derrière survivalisme pointe la menace de nos sociétés contemporaines prises dans un processus de mondialisation impressionnant : celle du repli identitaire".

Comment définir le survivalisme ?

"Ce terme désigne des personnes qui prévoient un avenir incertain et qui cherchent des moyens de s'en sortir. Elles sont unies par l'idée que demain sera forcément pire qu'aujourd'hui. Les recettes sont souvent les mêmes : une retraite, en communauté ou pas, pour vivre loin de la technologie. Chaque menace va produire un nouveau type de survivalisme, ou une nouvelle manière de se préparer à la catastrophe. Aujourd'hui, les survivalistes ont deux centres d'intérêt : une menace environnementale, qui est certifiée par des rapports officiels, des annonces du Groupe d'experts intergouvernemental sur l'évolution du climat, les accords de Paris... Et puis l'idée de « système », présente depuis les origines libertariennes du survivalisme et qui amène à une volonté de vivre le plus loin possible de l'Etat. Les survivalistes parlent du système de la cigale, la civilisation du tout-jetable, incapable de prévoir l'avenir. Par opposition, ils se désignent comme des fourmis. Ce phénomène du survivalisme n'existe quasiment que dans des pays où le niveau de vie est stable : plus on est loin du danger, plus on va développer des fantasmes d'insécurité. Notre présent est si sûr que ce qui nous angoisse maintenant est notre avenir. On n'a plus d'imprévus dans nos vies. On se dit survivaliste quand on projette nos angoisses sur l'avenir, des angoisses qui proviennent d'un trop plein de sécurité. Ce qu'ils appellent aussi « le système ». On ne va pas jouer à la survie ou imaginer la fin du monde quand on habite en Syrie".

Comment le mouvement du survivalisme est-il arrivé en France ?

"C'est la sortie de la société de la confiance bâtie sur le mythe du progrès créé au XVIe siècle, qui disait que demain sera meilleur qu'aujourd'hui, qui a fait dire à Karl Marx qu'on allait passer de l'aliénation à la jouissance authentique, à Condorcet qu'on allait arriver à la mort de la mort. Un mythe qui a culminé dans les années 80. Quand on demandait avant les années 80 à quoi ressemblerait l'an 2000, on répondait voitures volantes et individus immortels. Si on refait l'expérience aujourd'hui en demandant ce que sera l'avenir dans quarante ans, on va nous dire catastrophe écologique, guerre ethnique... Cependant, pour certains, cela représente presque une espérance, ce que j'appelle un espoir méphitique. C'est-à-dire que derrière cette catastrophe, certains se seront préparés et seront peut-être les élus, ceux qui ont compris les bons comportements : les survivalistes. Il semblerait que le survivalisme soit lié à un individualisme très fort : c'est l'homme qui, face aux catastrophes, face à la nature en fait, va se débrouiller seul et parvenir à survivre. Est-ce que c'est vraiment le cas ?

A l'origine, oui, notamment chez Kurt Saxon. Il y avait l'idée que seul un individu pourra survivre, et aussi cette haine, voire cette peur de l'autre, un ennemi à la survie. Il fallait vivre le plus loin de tout. Mais aujourd'hui, et c'est en cela que je note un changement, les survivalistes contemporains ne sont plus individualistes. Il en reste, mais ceux que j'ai rencontrés et étudiés sont désireux de partager. Le Réseau survivaliste francophone est vraiment pour moi le centre de cette mutation d'un individualisme à quelque chose de plus ouvert, de plus collectif, qui est calqué sur l'American Network To Survive (ANTS), qui reprend le même symbole, la fourmi, et qui s'organise en colonies. L'ANTS, c'est un lieu d'échange d'angoisses et d'astuces, de conseils de survie, etc...

Il y a effectivement des feedbacks entre la culture survivaliste et la culture contemporaine, l'air du temps, en fait. Je pense sincèrement que nous ne croyons plus au grand mythe du progrès, qui nous animait jusqu'alors, qui soutenait toutes les grandes utopies politiques, scientifiques, industrielles, techniques... C'est un mythe qui naît au XVIIème - XVIIIème siècle, et qui considérait que demain serait meilleur qu'aujourd'hui.

Ce qui a fécondé les rêves et les espoirs de l'humanité, la possibilité du communisme, la possibilité, comme le disait Condorcet, de la mort de la mort... Aujourd'hui, on n'est plus du tout dans cette idée-là : on est dans un imaginaire du regret, du « c'était mieux avant », et, en tout cas, on ne voit plus dans l'avenir des lendemains qui chantent. C'est pour cela qu'il y a cet échange entre la culture survivaliste et la culture populaire.

Nous vivons un grand renversement. En fait, derrière ce climat catastrophiste, des prévisions scientifiques de l'horloge de l'apocalypse à la multiplication des séries, des films, des comics et des œuvres culturelles sur la fin du monde, il y a la mise en cause, dans notre imaginaire social, des bienfaits du progrès : science, industrie, technique... Aujourd'hui, tout ce qui est synonyme de progrès nous fait peur : la science ouvre la porte aux manipulations génétiques et à la création de nouvelles épidémies. Quand on évoque l'industrie, c'est pour dire : pollution, délocalisation, etc... La technique est aussi prise dans cette spirale négative et n'est plus qu'aliénante... En réaction, on se dit ainsi qu'un retour en arrière ou un retour à la nature ne seraient pas forcément pire. Il y a une certaine nostalgie.

Mais quand des cultures comme celles des survivalistes s'emparent de cette idée, il s'agit d'un passé fantasmé – le « bon vieux temps » – et d'une nature idéalisée, dotée des valeurs inverses que l'on prête à notre société sur le déclin : une nature merveilleuse, bienfaitrice, luxuriante, c'est la forêt de Blanche Neige et les sept nains et de tous ces contes à la sauce Disney qui ont bercé l'imaginaire des urbains et des jeunes d'aujourd'hui".

FUTURS ENVISAGES
Retour de l'échelle humaine

La science est le fruit de l'activité des hommes qui cherchent à développer les connaissances qu'elle diffuse. Mais ce ne sont pas nécessairement les créateurs qui en tirent le meilleur parti, c'est même généralement le contraire. Car les applications imposent des disciplines qui n'ont qu'un rapport lointain avec les sciences qu'elles exploitent. C'est toute la différence entre chercheurs et ingénieurs. La modernité repose sur cet écart, relativement récent, entre connaissance et action.

Toutefois l'évolution qui se profile risque de modifier sensiblement les perspectives. En effet, lorsque les institutions qui commandent actuellement ces actualisations se trouveront confrontées à des obstacles nouveaux et insurmontables elles s'effaceront par la force des choses. Les facteurs à prendre en compte sont :

1. L'évolution de l'incidence des coûts de transport.
2. Les distance qu'imposeront les évolutions des conflits.
3. Les différences culturelles qui impliquent de comportements particuliers.

Le premier point est en cours d'actualisation. Il génère des conflits économiques apparemment banaux mais qui risquent de se généraliser au point d'altérer ce que les populations ont pour habitude de considérer comme normal. Le coût des carburants est ainsi en train de devenir un déterminant fondamental, la disponibilité de certaines denrées en sera probablement un suivant…

Le second point reste actuellement géré, mais les Etats sont tous plus ou moins en situation d'attente. Avec parfois des initiatives plus ou moins connues, acceptées ou subies. L'armement restant un soucis constant et généralisé.

Les comportements évolueront ensuite, actualisant les distinctions sociales et cultuelles dont les effets sont d'ores et déjà sensibles. Ce ne sera sans doute pas une répartition liée aux distinctions culturelles, mas plutôt déterminées par les localisations et le voisinage. Il est délicat de se livrer à plus de précisions dans le détail. On peut tout au plus identifier, comme toujours, deux tendances contradictoires, éternel conflit entre pessimistes et optimistes. « *L'envers et l'endroit d'une même imposture* », disait déjà Bernanos.

Rappelons simplement quelques évidences : les organisations humaines imposent des règles implicites qui reposent sur des nécessitées impératives et partagées. L''exact opposé de tout ce qui préside actuellement au quotidien de peuples plus ou moins abouliques éduqués dans des complaisances dites modernes. Dans un tel contexte, le savoir et surtout les disciplines qu'il impose risquent de devenir des facteurs sélectifs fondamentaux, actuellement ignorés par les innombrables opérateurs qui agissent encore dans la logique du court terme.

Nouvelles donnes probables

L'activité humaine est gérée par des Institutions qui reposent toutes sur des actualisions de la volonté de puissance. Parfois explicites, elles sont plus souvent implicites et même très souvent inconscientes. Ce sont ces dispositions qui déterminent nos comportements dans les circonstances courantes de l'existence. Il est généralement admis que chaque citoyen est forgé par un ensemble de conditionnements qui finissent par actualiser un caractère sensé lui permettre de s'adapter à son environnement social. Cette disposition du milieu social dans lequel il se trouve va déterminer un ensemble de critères qui lui seront imposés et la manière dont il les vivra, ce qui définira son caractère voire son destin.

Nos sociétés dites modernes imposent des critères d'autant plus contraignants qu'ils reposent sur des savoirs requis ou définis comme tels. Les diplômes dispensés servant à nous situer pour actualiser une position et la justifier. Ils ne s'imposèrent d'abord que pour des disciplines induisant des responsabilités notables, mais cette disposition tend à se généraliser, de telle sorte qu'il devient difficile d'agir sans se référer à de normes souvent utiles mais également contraignantes dont l'objet et le contenu peuvent parfois laisser perplexe.

Les sciences imposent des contraintes généralement requises pour que certaines normes s'imposent dans l'expression et la diffusion de leur contenu. Ce qui n'exclut pas des erreurs souvent maintenues pour des motifs obscurs qu'ils soient moraux ou d'intérêts divers à défendre ou prolonger. L'évolution de savoirs en est le résultat probant. Concernant le devenir des sciences, on ne peut noter que des convergences. Sans jamais savoir exactement jusqu'à quel point elles s'imposent ? Par exemple, nul ne peut réellement ignorer la hiérarchie qui s'impose, dans la description du réel qui les concernent entre mathématiques, physique et chimie puis biologie, sociologie et histoire... Les confusions du moment ont souvent altéré cette logique, au point qu'il devient difficile de déterminer la nature exacte des savoirs et de rendre compte de leur diffusion. D'autant qu'internet répond si rapidement aux questions que l'on se pose qu'il est devenu pratiquement impossible de connaitre l'état exact des connaissances de nos interlocuteurs.

Les confusions et approximations qui en découlent deviennent ainsi monnaie courante, rendant inconsciemment impropre à en tirer parti. Diffusion qui devient un obstacle qui engendre souvent une incompétence insurmontable. Il en résulte que les hommes qui sont ou seront propres à surmonter ces obstacles devront posséder des compétences devenues rares...

Par ailleurs, tout état repose sur une force concrétisée dans deux directions : une police et une armée. La première vise au maintien de l'ordre, d'un certain ordre sensé répondre aux besoin des peuples, et surtout de leurs dirigeants. Ce dernier est variable et relatif, soumis à une justice dont l'expression même évolue dans le temps. La seconde est fonction de l'investissement qu'inspire la puissance militaire incarnée dans l'armée, soit-elle dans une nation ayant choisie la neutralité. *« Celle-ci désigne un positionnement d'abstention bienveillant ou armé, l'absence d'implication dans un conflit armé ou dans tout type d'affrontement. Elle répond à un régime juridique strict, ce qui la différencie de notions politiques proches comme l'isolationnisme ou le non-alignement. Le concept de pays neutre est plus fort que le concept de pays non belligérant. Un pays neutre ne soutient aucune des parties impliquées dans une guerre tandis qu'un pays non-belligérant s'engage à ne pas intervenir militairement, mais peut vendre ou même offrir des armes aux belligérants.[7] »*

Il est donc pratiquement exclu d'anticiper du devenir des différentes organisations militaires qui se profilent et des décisions qui en résulteront. Les armées sont en principe déterminées par la volonté du pouvoir politique qui les orientent et en définissent les buts et les moyens, mais elles ont également une histoire et des routines propres à respecter et à défendre. De telle sorte qu'un statuquo doit s'inscrire et se prolonger au fur et à mesure des gouvernements successifs entre pouvoir politique et militaire. Situations relatives variable selon le pays, sa situation et son histoire.

---

[7] Définition tirée de Wikipédia

Contextes

Là encore il est difficile d'anticiper dans la multitude des contextes et des contraintes qui déterminent les comportements ; toutefois une tendance globale indépendante de l'évolution de la modernité semble se dessiner, c'est que la soumission des hommes et des femmes doit se construire sur des valeurs fortes. Ce dont quelques cultures anciennes conservent la permanence, tandis que la modernité trahit toutes les traditions, de telle sorte que nulle valeur ne semble plus triompher.

En réalité les hommes ne se plient qu'aux nécessités qui découlent du réel auquel ils sont confrontés. Et notre modernité repose sur une telle accumulation d'informations qu'il devient difficile de discerner l'essentiel du secondaire. Cependant une réalité finit toujours par s'imposer, celle du rapport entre les espérances et le réel. Là encore, les traditions locales infléchissent les comportements et en déterminent le caractère dans des contextes spécifiques. Par exemple la diffusion et l'usage des armements selon les peuples et les régions imposent et diffusent un ensemble de contraintes sociales qui servent implicitement de base au comportements ce qui détermine largement les fondements des rapports intersubjectifs entre citoyens.

Le futur devra donc bien reposer sur une éthique adaptée afin de déboucher sur des moyens propres à triompher des obstacles qu'induit, en certaines régions modernes, l'actuelle béance des valeurs collectives. Deux hypothèses sont donc à prendre en compte :

1. La poursuite des modalités et valeurs traditionnelles et les perspectives qui en résultent.

2. Le surgissement et le développement d'alternatives restant à établir.

L'hypothèse de la poursuite et du développement des valeurs actuelles induit un futur clairement axé sur l'agressivité en ses manifestations diverses. Cela procède selon une logique claire et pour ainsi dire universelle. Autrui s'y trouve défini par ses différences d'avec une norme construite sur la base des convictions partagées, mais aussi subies, par un peuple donné vivant dans un contexte historique particulier. Celui-ci, généralement inspiré par une histoire, qui peut du reste rester implicite, mais dont les données et convictions sont présentes, utiles et défendues par des aristocraties locales. Nous sommes là dans l'Histoire au sens classique du terme.

Les alternatives possibles ne peuvent triompher que lorsque le système en place ne cultive plus de conviction justificatives propres à diffuser des valeurs cohérentes. En ce cas, les maîtres ne parviennent plus à s'imposer de manière directe et doivent recourir à des procédés indirects pour poursuivre leurs influences, situation généralement transitoire. Car toute autorité doit reposer sur un système propre à mobiliser un peuple acceptant de se trouver soumis à l'organisation qu'elle induit. Soumission qui repose toujours sur des compromis plus ou moins partagés. Hors de ce contexte on voit toujours apparaitre des révoltes dont la gestion signe la nature et la légitimité des valeurs sur lesquelles reposent ces organisations sociales. Cela se trouve soit lorsqu'une aristocratie résolument nouvelle finit par triompher sur un territoire soumis à trop de désordres ou bien lorsqu'un peuple se trouve délivré de l'influence d'un pouvoir excessif et irrespectueux de ses convictions.

C'est sans doute une situation de ce genre qui a suscité le développement de la révolte des Israélites lassé de se trouver soumis aux Egyptiens. Laquelle a suscité l'actualisation d'une volonté nouvelle qui a métamorphosé les conditions de ce peuple vaincu puis exploité en esclavage. On observe d'ailleurs que ce genre de révolte est assez rare dans l'Histoire pour constituer une exception notable qui a développé puis prolongé jusqu'à ce jour une opiniâtreté caractéristique. Cela repose sur une culture particulière qui s'impose toujours en dépit de toutes les haines qu'elle a pu susciter.

C'est néanmoins une condition nécessaire et impérative qui seule permet à un groupe d'élaborer une éthique nouvelle en fonction des réalités auquel il est soumis. On découvre ainsi que les évolutions découlent de mobilisations nécessaire induites par des conditions précises. Il semble en effet que les mobilisation culturelles ne résultent pas seulement de la volonté des participants, mais aussi de l'influence d'un homme propre à animer et développer un groupe assez vaste pour constituer une masse propre à actualiser de nouvelles perspectives. Ce fut le cas de Moïse au cours de l'un des aléas qui affecta le peuple juif lorsqu'il fut soumis et exploité en esclavage par l'Egypte.

Cela dit : quelles propositions se dessinent pour induire aujourd'hui une évolution comparable ? En dehors d'un malaise plus ou moins général mais actualisé dans un contexte qui au fond le justifie. De plus, pour les voir surgir il ne suffit pas que les conditions de leur actualisation soient en place, mais il faut aussi qu'un leader en impose la nécessité. Or celui-ci doit affronter des obstacles impossibles à définir pour le motif qu'ils sont présents depuis des lustres sans pour autant déboucher sur des perspectives concrètes. Aujourd'hui le nombre et la nature des organisations qui proposent des options afin de faire face aux difficultés qu'elles anticipent se trouve multiplié par celui des auteurs qui s'expriment sur le sujet. Il en résulte un ensemble compact de notes et observations formulées qui soulèvent souvent des doutes quant à la manière de les prendre en compte. D'autant que beaucoup d'entre elles reposent sur des conditions financières…

Perspectives actuelles

Les idées et les projets qui en découlent résultent de prises de positions qui dépendent des contextes. On distingue : les initiatives officielles et les organisations privées. Les initiatives officielles sont celles qui résultent des travaux des ministères ou d'organismes publics établis par différents gouvernements. Nous en avons déjà cité ci-dessus : pour l'industrie agroalimentaire.

Les plus anciennes organisations de ce genre furent les agences de l'eau. Wikipédia en fournit une définition : En France, une agence de l'eau, anciennement appelée agence de bassin est un établissement public à caractère administratif qui participe à la gestion de l'eau sur une circonscription administrative de bassin, dont les limites correspondent à un grand bassin hydrographique. Il en existe six, toutes instituées par la loi sur l'eau de 1964, précisée par la loi du 3 janvier 1992. Les bassins hydrographiques des départements d'outre-mer de la Guadeloupe, de la Guyane, de la Martinique et de la Réunion sont dotés d'un Office de l'Eau, aux missions équivalentes. En 2000, l'Union européenne a créé les districts hydrographiques sur le modèle de ces agences de bassin…

En France, une agence de l'eau a pour mission d'initier, à l'échelle de son bassin versant, une utilisation rationnelle des ressources en eau, la lutte contre la pollution et la protection des milieux aquatiques. Elle est chargée notamment de la coordination du schéma directeur d'aménagement et de gestion des eaux (SDAGE) et des schémas d'aménagement et de gestion des eaux (SAGE) qui en découlent. C'est un établissement public administratif de l'État, doté de la personnalité civile et de l'autonomie financière sous double tutelle du ministère chargé de l'environnement et sous celle du celui des finances. Les agences de l'eau disposent d'un pouvoir réglementaire, pour déterminer, dans la limite des missions qui leur sont fixées par la loi, les domaines et conditions de leur action et définir les conditions générales d'attribution des concours financiers qu'elles peuvent apporter aux personnes publiques et privées sous forme de subventions, de primes de résultat ou d'avances remboursables (Conseil d'État, 11 mars 2020, N° 426366).

Elle perçoit des redevances auprès des usagers (redevances de prélèvement, redevances de pollution). Le produit des redevances, sous l'impulsion d'un conseil d'administration qui réunit les différents acteurs du domaine de l'eau (administrations, usagers, collectivités), lui permet d'apporter des aides financières aux actions d'intérêt commun, dans le domaine de l'eau menées par les collectivités locales, les industriels et les agriculteurs (épuration des eaux, production d'eau potable de qualité, mise en place de procédés de production plus propres, restauration et entretien des milieux aquatiques...). Les agences de l'eau françaises mènent aussi en la matière une politique de coopération (Balkans, Vietnam, Afrique occidentale, Palestine).

En 2008, le Grenelle de l'environnement prévoit que les agences de l'eau puissent (de 2009 à 2014) acquérir 20 000 hectares de zones humides (avec le Conservatoire du littoral) à des fins de conservation environnementale et de développement de la Trame bleue, dans le cadre de la Trame verte et bleue. En 2009, lors de la journée mondiale des zones humides, Chantal Jouanno (secrétaire d'État à l'Écologie) annonce la création d'un groupe national formé sur le modèle de fonctionnement du Grenelle de l'environnement (associant donc l'État et partenaires sociaux).

Les initiatives officielles

Les initiatives officielles sont celles qui résultent des travaux des ministères ou d'organismes publics établis par différent gouvernements. Les plus anciennes organisations de ce genre furent les agences de l'eau.

Wikipédia en fournit une définition : *En France, une agence de l'eau, anciennement appelée agence de bassin est un établissement public à caractère administratif qui participe à la gestion de l'eau sur une circonscription administrative de bassin, dont les limites correspondent à un grand bassin hydrographique. Il en existe six, toutes instituées par la loi sur l'eau de 1964, précisée par la loi du 3 janvier 1992. Les bassins hydrographiques des départements d'outre-mer de la Guadeloupe, de la Guyane, de la Martinique et de la Réunion sont dotés d'un Office de l'Eau, aux missions équivalentes. En 2000, l'Union européenne a créé les districts hydrographiques sur le modèle de ces agences de bassin... En France, une agence de l'eau a pour mission d'initier, à l'échelle de son bassin versant, une utilisation rationnelle des ressources en eau, la lutte contre la pollution et la protection des milieux aquatiques. Elle est chargée notamment de la coordination du schéma directeur d'aménagement et de gestion des eaux (SDAGE) et des schémas d'aménagement et de gestion des eaux (SAGE) qui en découlent. C'est un établissement public administratif de l'État, doté de la personnalité civile et de l'autonomie financière sous double tutelle du ministère chargé de l'environnement et sous celle du celui des finances. Les agences de l'eau disposent d'un pouvoir réglementaire, pour déterminer, dans la limite des missions qui leur sont fixées par la loi, les domaines et conditions de leur action et définir les conditions générales d'attribution des concours financiers qu'elles peuvent apporter aux personnes publiques et privées sous forme de subventions, de primes de résultat ou d'avances remboursables (Conseil d'État, 11 mars 2020, N° 426366). Elle perçoit des redevances auprès des usagers (redevances de prélèvement, redevances de pollution).*

Le produit des redevances, sous l'impulsion d'un conseil d'administration qui réunit les différents acteurs du domaine de l'eau (administrations, usagers, collectivités), lui permet d'apporter des aides financières aux actions d'intérêt commun, dans le domaine de l'eau menées par les collectivités locales, les industriels et les agriculteurs (épuration des eaux, production d'eau potable de qualité, mise en place de procédés de production plus propres, restauration et entretien des milieux aquatiques...). Les agences de l'eau françaises mènent aussi en la matière une politique de coopération (Balkans, Vietnam, Afrique occidentale, Palestine).

En 2008, le Grenelle de l'environnement prévoit que les agences de l'eau puissent (de 2009 à 2014) acquérir 20 000 hectares de zones humides (avec le Conservatoire du littoral) à des fins de conservation environnementale et de développement de la Trame bleue, dans le cadre de la Trame verte et bleue. En 2009, lors de la journée mondiale des zones humides, Chantal Jouanno (secrétaire d'État à l'Écologie) annonce la création d'un groupe national formé sur le modèle de fonctionnement du Grenelle de l'environnement (associant donc l'État, les partenaires sociaux, ONG et collectivités) chargé de dresser un bilan et des propositions de mesures de préservation et restauration des zones humides.

En 2009, l'exposé des motifs de la loi Grenelle II estime qu'il reste en France environ 1,5 million d'hectares de zones humides qui sont un « réservoir de biodiversité, et un facteur d'amélioration de la qualité des eaux superficielles, des zones tampons diminuant les risques d'inondation en cas de fortes pluviométries et des stockages importants de carbone organique dans les sols », mais « souvent menacées par l'extension de l'urbanisme ou des changements d'usage des terres. » La loi prévoit que les agences sont invitées à mener « une politique active d'acquisition foncière dans les zones humides non couvertes par la compétence du CELRL » ; comme « dernier recours, après avoir considéré les options de reconquête et de restauration » (exposé des motifs de l'article 51 de la loi Grenelle II), et qu'elles devront gérer ces 20 000 ha via des baux agricoles (Article 51).

Le vote de la loi pour la reconquête de la biodiversité, de la nature et des paysages en 2016 introduit des changements notables dans les objectifs des agences de l'eau avec un renforcement de leur soutien à la biodiversité. Jusqu'à présent, la préservation des milieux aquatiques était en effet une priorité (acquisition de zones humides, restauration de cours d'eau, etc.) avec près de 200 millions d'euros par an soit 10 % du montant des redevances. À partir de 2016, les missions des agences de l'eau sont élargies :

- *Restauration des trames vertes et des trames bleues.*

- *Priorité accordée aux estuaires, aux zones rétro-littorales, aux hauts bassins versants.*

- *Partenariat avec l'agence française de la biodiversité.*

- *Soit plus de 20 à 30 millions d'euros par an.*

Selon France Nature Environnement, les agences de l'eau concourent de plus en plus à financer, aux dépens de leur mission première, qui est de protéger la ressource aquatique, les autres politiques du ministère de la transition écologique et solidaire, en particulier la biodiversité. À compter de 2018, seules les agences de l'eau financeront l'Agence française pour la biodiversité. Les agences de l'eau financent également l'agriculture biologique.

Entre 2008 et 2015, alors que les pesticides devaient « si possible » diminuer de moitié, leur utilisation a augmenté de 22% : c'est donc un échec. Pour mieux contourner la loi sur l'eau, le réseau capillaire en amont des rivières est purement et simplement rayé de la carte, ce qui pourrait ouvrir la voie à une utilisation accrue des pesticides. Les populations d'oiseaux diminuent fortement, en lien avec la disparition des insectes sous l'effet des pesticides. Selon l'IPBES, le déclin de la biodiversité à l'échelle mondiale est alarmant, à tel point qu'il pourrait compromettre le bien-être des êtres humains.

Les rivières et les fleuves constituent des vecteurs de transport de plastiques jusqu'aux océans. Ainsi, selon l'université de Bâle, à titre d'exemple, le Rhin rejette à la mer 191 millions de particules de plastique flottantes chaque jour. L'agence de l'eau française s'inspire des Genossenschaften, syndicats coopératifs allemands de gestion de l'eau, le premier gérant dès 1904 le bassin de l'Emscher. Dans le même esprit ont été mises en place en Espagne en 1940 les Confédérations hydrographiques et la Regional Water Authority en Grande-Bretagne en 1975. Aux Pays-Bas, il s'agit de l'Office des eaux.

Le foisonnement des organisations ayant pour objet l'environnement traduit tout à la fois l'intérêt du sujet et sa dispersion. Au 31 décembre 2017, l'ONU reconnaît 15 696 associations environnementales dans le monde. Mais les risques environnementaux devenant de plus en plus importants, des organisations (gouvernementales ou non), ayant un but géoenvironnemental sont de plus en plus nombreuses. Vous en trouverez la liste sur internet qui distingue :

- *Les Organisations intergouvernementales et gouvernementales*

- *Les organisations non-gouvernementales, qui s'investissent dans le management environnemental, le lobbying, le plaidoyer et/ou dans des efforts de conservation de la nature...*

Autres institutions

Conditions requises

Evolutions de la population

Anticiper devient aujourd'hui relativement simple : l'évolution de la population imposera ses conséquences logiques incontournables. Et la variable majeure sera très probablement déterminée par des évolutions considérées comme imprévisibles.

On assistera d'abord à une absence de coordinations entre les différentes cultures se distinguant par des fondements incompatibles. Actuellement cette situation reste encore modeste et dépends des positions relatives adoptées par des leaders assez positifs dans la mesure actuelle qui ne met en évidence que des tendances. Les situations restant encore relativement supportables.

Le seul déséquilibre sensible ne concerne actuellement que l'Afrique sub-saharienne soumise à des évolutions irréversibles. Abritant quarante-huit États, dont les frontières sont issues de la décolonisation, le lieu probable de la naissance de l'Homme moderne est également devenu celui où les tensions deviennent progressivement insurmontables. C'est une zone très riche sur le plan de la biodiversité mais aussi fortement vulnérable au dérèglement climatique. C'est la partie de la planète la plus dynamique en matière démographique, où les problèmes sanitaires et d'éducation sont les plus préoccupants : Le sous-continent est la zone la moins développée. Toutefois, quand vont se poursuivre les dérives actuelles, on assistera à une évolution aboutissant à de profondes mutations.

Les estimations de 2022 par continent sont les suivantes :

Continent	Population totale (En milliers)	Taux de natalité	Taux de mortalité	Espérance de vie	Taux de mortalité infantile	Nombre d'enfants par femme	Taux de croissance
Afrique	1 426 735	32,1	8,4	62,2	44,2	4,24	23,4
Amérique latine et caraïbes	660 259	14,6	7,6	73,8	13,1	1,85	6,7
Amérique septentrionale	376 871	10,9	9,2	78,7	4,9	1,64	5,1
Asie	2 722 635	14,2	7,8	73,2	22,2	1,94	6,0
Europe	743 556	9,2	12,8	77,4	3,5	1,49	-2,5
Océanie	45 039	15,5	5,7	79,2	15,7	2,14	12,0
Total	**7 975 105**	**16,8**	**8,4**	**73,7**	**27,5**	**2,31**	**8,4**

Il apparait cruellement que la planète est appelée à voir s'intensifier les tensions et les conflits lorsque ces hétérogénéités imposeront davantage leurs évidences…

Hétérogénéités incontournables

Les considérations économiques ne peuvent être envisagées qu'en intégrant les données planétaires globales, et sur ce plan, il convient de tenir compte du niveau des compétences locales.

Le niveau actuel de l'éducation est difficile à déterminer, mais son évolution probable sera réduite du fait des tendances observables. La montée en puissance des attitudes irrationnelles ne pourra guerre être surmontée du fait d'une éducation sommaire, jointe à la généralisation de croyance en lieu et place de la diffusion du savoir. Il est donc probable de voir les peuples s'en remettre aux leaders divers inspirés par une métaphysique arbitraire plutôt qu'aux éducateurs. Lesquels se trouvent souvent eux-mêmes actuellement dispersés entre diverses idéologies, croyances et certitudes. De telle sorte que la diffusion du savoir devient elle-même un domaine ouvert susceptible de dérives difficiles à contrôler.

CNEWS a rapporté les 10 et 13/11/2022 le classement de 140 nations publié par le Global Firepower d'un point de vue militaire. Les Etats qui figurent dans le top 10 résultent de l'analyse de 50 paramètres : l'armement, le budget national alloué aux forces militaires, mais aussi les ressources naturelles, le matériel mobilisé ou encore les forces terrestres, aériennes et navales de chaque pays... Le power index ; plus l'indice d'une nation est proche de 0, plus sa puissance militaire est forte. Voici les dix pays avec la plus grande force armée.

PAYS	Nombre de Soldats	Nombre de Réservistes	BUDGET 10^9 Dollars	BUDGET 10^9 Euros	POWER INDEX
ETATS-UNIS	1 400 000	440 000	770	688,8	0,0453
RUSSIE	850 000	250 000	154	137	0,0501
CHINE	2 000 000	510 000	250,2	227,4	0,0511
INDE	1 450 000	1 150 000	49,6	44,4	0,0979
JAPON	240 000	55 000	47,5	42,5	0,1195
COREE DU SUD	550 000	500 000	46,3	41,4	0,1261
FRANCE	200 000	35 000	40,9	36,6	0,1283
ROYAUME-UNI	194 000	37 000	7,7	6,9	0,1382
PAKISTAN	640 000	500 000	7,7	6,9	0,1572
BRESIL	360 000	1 340 000	18,8	16,8	0,1695

Conséquences probables

Il n'est pas difficile d'établir les perspectives qui en résultent : il suffit d'écarter les hypothèses improbables. Et celles-ci ont pour origine le fait indiscutable que chacun ici-bas ne voit et même ne peut voir autrement l'avenir qu'en intégrant ses propres intérêts dans ses perspective. Il en résultera que :

- Aucune alternative pertinente ne pourra s'imposer à la planète en dépit de la profonde métamorphose qu'impose pourtant l'évolution de nos conditions d'existence.
- Seules des évolutions inévitables imposeront des perspectives probables.

L'avenir ne sera donc humainement possible que pour des communautés totalement renouvelées.

Le nombre et la dispersion des organisations est sans doute assez vaste pour en déduire une efficacité relative, voire modeste. De telle sorte qu'il serait vain d'en attendre une révolution notable.

De plus, l'effondrement probable de toute résolution collective aboutit à un tel paradoxe que seules des organisations locales ont des chances d'émerger après les prochains conflits qui se développerons. Lesquels non seulement s'établirons en dépit de toute écologie mais au contraire même en exploitant les éventuelles opportunités qu'elle pourrait leurs offrir.

Il en fut de même lorsque Moise revint en Egypte. L'analogie s'impose même, le propre de la plupart des esclavages étant d'être subis comme des fatalités. Toutefois la condition requise reposera également sur la manifestation d'une volonté assez puissante pour se révéler efficace.

Il est relativement simple de définir les objectifs à satisfaire pour déboucher sur un projet pertinent. Lequel devra en effet reposer sur :

1. Des objectifs clairs et scientifiquement fondés.

2. Une organisation propre à constituer une hiérarchie reconnue.

3. Des disciplines propres à la vivre convenablement.

Il n'est pas moins clair qu'un tel objectif est pratiquement inaccessible dans le contexte actuel. Ce   qui n'exclue nullement de tenter d'en définir la forme et même les conditions.

1. Le premier point est sans doute le plus aisément admissible. Encore que la compétence doive toujours être confrontée à la réalité, discipline assez rare pour figurer en objectif.

2. Le second point est plus difficile à établir, car la compétence n'est pas une vertu suffisante. Il faut également un charisme adapté reposant sur des convictions assez fortes pour accepter ses erreurs sans pour autant s'en trouver irrémédiablement affaibli.

3. Le dernier point n'est pas moins difficile à assumer. Car il impose de voir sa dignité maintenue lorsque l'on doit s'incliner sans ressentiment devant ses erreurs.

Seules les disciplines scientifiques imposent donc les conditions requises, et encore sous réserve de voir toujours la réalité triompher sur les préjugés et convictions contraires. Un tel programme impose des disciplines impossibles à établir dans le contexte actuel. De même qu'il fut effectivement impossible, jadis aux israélites de se soustraire à l'esclavage tant que les Égyptiens ne se trouvèrent pas confrontés aux difficultés qui les obligèrent à y renoncer...

PERSPECTIVES
Données de base

Le contexte est ainsi fait que seules des initiatives nouvelles pourront demain répondre aux enjeux qui vont se dessiner. Mais cette actualisation est pratiquement impensable dans le contexte actuel. En effet, car elle implique plusieurs conditions :

- D'abord une analyse claire des perspectives qui se dégagent.

- Ensuite qu'elle débouche sur des mesures appropriées.

- Enfin qu'elle s'impose et triomphe sur une initiative adaptée.

Les multiples analyses qui se diffusent aujourd'hui convergent pratiquement toutes sur des objectifs clairs et indiscutables. Mais dont les conditions sont parfaitement irréalistes dans le contexte actuel et le deviendront davantage encore à mesure des évolutions observables. Et cela résultera de plusieurs causes convergentes :

- Hétérogénéité des analyses et interprétations des évolutions observées, tant que ces observations induiront des différences notables entre régions, état et continents.

- Disparition ou effacement des décideurs actuels lorsque d'incontournables échéancess'imposeront.

- Substitution de ces derniers par les forces dites de l'ordre : police et/ou armées selon les lieux et régimes concernés.

- Et surtout : impossibilités de déboucher sur des aménagements pérennes dans le contexte actuel !

Dont il résultera fatalement une révolution dont les conditions seront d'abord locales avant de déboucher sur des perspectives propres à autoriser un renouvellement du devenir planétaire. Lequel ne pourra résulter que d'évolutions distinctes, à l'issue des conflits qui ne sauraient être évités dans le cadre actuel des mentalités et intérêts tels ils s'énoncent et s'imposent.

Ce point de vue peut paraitre arbitraire et même taxé de pessimiste. C'est qu'il repose sur des évidences qui sont niées et même estimées inadmissibles. Mais pour les évoquer il faut et il suffit d'embrasser l'Histoire avec lucidité en refoulant les objections trop souvent insensées qui nous servent de paravent vis à vis du réel.

Les revues scientifiques exposent avec régularité divers projets sensés répondre aux besoins afin d'inverser le devenir. « Sciences et Avenir – La Recherche », par exemple, en son tirage N° 912 de Février 2023 évoque l'état de l'art en la matière : *« La terre étouffe et sera bientôt invivable si le réchauffement n'est pas stoppé. Beaucoup de scientifiques estiment que nous avons les moyens non seulement de limiter le changement climatique, mais aussi de refroidir le monde… »*

Les solutions évoquées sont nombreuses et efficaces : le sommaire est explicite. On trouve d'abord un exposé des perspectives *« La menace d'une terre étuve… Passé le seuil de 2°C entrainerait inévitablement et rapidement une température de 4 à 5° plus élevée qu'à la période préindustrielle »* (Johan Rockström – Directeur du Centre pour la résilience de Stockholm (Suède). S'ensuit une liste de 16 points de basculement à surveiller précisant les perspectives actuelles.

Liste de 16 points de basculement à surveiller :

	Phénomène	Conséquence
Augmentation de la température = 1,1°C.		
1	Fonte du pergélisol dans le grand Nord	Emission de méthane Déstabilisation des infrastructures
2	Mort massive du corail tropical	Perte de biodiversité.

		Fragilisation des côtes.
3	Fonte de la plateforme glacière de l'antarctique ouest	Montée des eaux.
4	Fonte de la calotte glacière du Groenland	Montée des eaux. Afflux d'eau douce > déstabilisation des courants en surface et en profondeur. Assèchement généralisé à travers l'Europe et l'Asie. Augmentation des précipitations en Amérique du Nord.
5	Ralentissement de la convection océanique en mer du Labrador	Refroidissement de l'Atlantique.
Augmentation de la température = 1,5°C.		
6	Fonte de la banquise de la mer de Barents	Augmentation du réchauffement par perte de l'effet d'albedo. Augmentation de l'acidification des océans.
7	Fonte de glaciers alpins	Pertes locales d'importantes réserves d'eau.
8	Perturbation de la situation océanique profonde de l'Atlantique	Dérégulation des systèmes de rafraichissement et de réchauffement. Baisse des précipitations en Afrique de l'Ouest. Perturbation de la mousson africaine. Affaiblissement de la mousson d'été indienne.
9	Débâcle de la forêt boréale au Sud	Feux et changement de ravageurs.

10	Extension de la forêt boréale au Nord	Diminution de l'effet albedo.
Augmentation de la température = 14°C.		
11	Déplacement des moussons sahéliennes et ouest africaines	Pluies diluviennes accrues. Personnes déplacées.
12	Fonte des bassins/lacs sous-glaciaires de l'antarctique Est	Hausse du niveau de la mer.
13	Dépérissement de la forêt amazonienne	Réchauffement local. Bouleversement des infrastructures. Baisse du CO2 absorbé. Perte de biodiversité.
14	Effondrement du pergélisol boréal	Réchauffement local.
15	Fonte de la banquise d'hiver en Arctique.	
16	Fonte de la calotte glacière en antarctique Est.	Amplification du réchauffement par perte d'albedo. Acidification des océans. Perte d'habitats de reproduction et d'alimentation des animaux en dépendance de la banquise.

Pour Sciences et Avenir avec AFP, l'horloge de l'apocalypse n'a jamais été aussi proche de minuit, Il y est minuit moins 90 secondes et cela signifie que l'humanité n'a jamais été aussi proche d'un cataclysme planétaire : c'est en tout cas ce qu'a annoncé le 24 janvier 2023 le groupe de scientifiques gérant l'horloge de l'apocalypse, qui surveille non pas le temps mais la fin des temps.

« Bulletin of the Atomic Scientists », chargé de ce projet symbolique depuis 1947, a dévoilé lors d'une conférence de presse à Washington son nouvel horaire, censé mesurer l'imminence d'une catastrophe mondiale. Il a été avancé de 10 secondes et marque désormais minuit moins 90 secondes, se rapprochant de minuit, l'heure fatidique que les scientifiques espèrent ne jamais voir atteinte. C'est un record depuis sa création.

« Nous vivons à une époque de danger sans précédent, et l'horloge de l'apocalypse représente cette réalité » - Depuis 2020, l'horloge était à 100 secondes de minuit. *« Nous avançons l'horloge, et c'est le plus près qu'elle n'ait jamais été de minuit »*, a dit le groupe en dévoilant le nouvel horaire. *« Les menaces à peine voilées de la Russie sur un usage d'armes nucléaires rappellent au monde qu'une escalade du conflit - accidentellement, délibérément ou par erreur - est un risque terrible. La possibilité que le conflit puisse échapper à tout contrôle reste élevée »*, a-t-il averti.

C'est pourquoi le communiqué du groupe d'experts est disponible en anglais, en russe et en ukrainien, une première, a-t-il été précisé. Outre la guerre en Ukraine et le danger nucléaire, les scientifiques ont pris en compte *« les menaces persistantes représentées par la crise climatique »* ainsi que le fait que les *« événements dévastateurs, comme la pandémie de Covid-19, ne peuvent plus être considérés comme des faits rares n'arrivant qu'une fois tous les cent ans »*. Le groupe d'experts a aussi évoqué la désinformation et les technologies de surveillance.

A l'origine, après la Seconde Guerre mondiale, l'horloge indiquait minuit moins 7 minutes. La Campagne internationale pour abolir les armes nucléaires (ICAN), prix Nobel de la paix en 2017, a vu dans l'annonce un signal d'alarme à ne pas balayer d'un revers de la main et a appelé à « *des actes urgents pour éviter une catastrophe nucléaire* ». Mais la nouvelle a aussi été accueillie, sur Twitter par exemple, par certains commentaires sceptiques, interrogeant l'utilité de l'horloge de l'apocalypse ou sa fiabilité. « *Nous ne prédisons pas l'avenir* », a dit le groupe d'experts sur son site, anticipant les critiques. Le Bulletin of the Atomic Scientists « *est un peu comme un médecin faisant un diagnostic. Nous examinons les données comme les médecins examinent les tests de laboratoire et les radiographies, et nous prenons aussi en compte des facteurs plus difficiles à quantifier, comme les médecins le font lorsqu'ils parlent avec les patients et les membres de leur famille* ». « *Puis nous arrivons à un jugement qui résume ce qui pourrait se passer si les dirigeants et les citoyens n'agissent pas pour soigner les maladies* », expliquent les scientifiques.

Le Bulletin of the Atomic Scientists a été fondé en 1945 par Albert Einstein et des scientifiques ayant travaillé sur le projet « Manhattan », qui produisit la première bombe atomique. A l'origine, après la Seconde Guerre mondiale, l'horloge indiquait minuit moins 7 minutes. En 1991, à la fin de la Guerre froide, elle avait reculé jusqu'à 17 minutes avant minuit. En 1953, ainsi qu'en 2018 et 2019, elle affichait minuit moins 2.

Incidences psychologiques

Même de façon indirecte, l'exposition à une catastrophe climatique entraîne des difficultés de concentration chroniques, conclut une étude portant sur des survivants du gigantesque incendie californien nommé « Camp Fire ». Ces conséquences du « traumatisme climatique » s'ajoutent aux dépressions et à l'anxiété. Le traumatisme climatique est un terme général désignant la détresse psychologique découlant du changement climatique. (Camille Gaubert.) Les traumatismes provoqués par des catastrophes climatiques peuvent entraîner des dysfonctionnements cognitifs sur le long terme, conclut pour la première fois une étude publiée dans la revue PLoS Climate : Le 8 novembre 2018, un incendie se déclare au niveau d'un circuit électrique en Californie (Etats-Unis). Poussé par les vents, le « Camp Fire » détruira plus de 621 km2 jusqu'à ce qu'il soit complètement maîtrisé le 21 novembre. La catastrophe aura fait 85 morts, une quinzaine de blessés et des centaines de personnes traumatisées. « Il est très important de mieux comprendre le traumatisme climatique, car il peut toucher des millions de personnes, le changement climatique se produisant à un rythme accéléré », explique à Sciences et Avenir la psychiatre Jyoti Mishra, qui a dirigé ces nouveaux travaux. Cette récurrence et cet impact sur un grand nombre de personnes justifie de différencier le « traumatisme climatique », un terme qui n'a été inventé qu'il y a une dizaine d'années, du trouble de stress post-traumatique (TSPT). « L'expérience du stress ou du traumatisme lié à l'évolution du climat est différente du TSPT, qui a été créé dans le contexte de la guerre », précise Jyoti Mishra. Les conséquences sur la santé sont également un peu différentes, comme l'équipe l'avait démontré dans des travaux publiés en 2021 sur 725 personnes exposées au « Camp Fire » plus de six mois auparavant. « Nous avons constaté une forte prévalence de la dépression et de l'anxiété associées au traumatisme climatique, qui peut ou non se produire avec le TSPT », ajoute la psychiatre. L'effet était d'autant plus important que la perte provoquée par l'incendie était proche du sujet (destruction de sa maison, décès d'un proche).

Restait à comprendre si les symptômes du traumatisme lié au changement climatique se traduisent par des changements dans le fonctionnement cognitif. Et notamment les processus mentaux impliqués dans l'attention, l'inhibition de la réponse (la capacité à ne pas réagir impulsivement), la mémoire de travail (la capacité à retenir une infirmation sur une courte période, comme un mail à écrire ou un numéro de téléphone) et le traitement des interférences émotionnelles ou non, c'est-à-dire la capacité à ignorer les pensées et émotions intrusives, énumère Jyoti Mishra. Grâce à des tests de performance sur 75 sujets, « nous avons constaté des déficits dans le traitement des interférences, c'est-à-dire que les personnes exposées au feu étaient plus distraites et ne peuvent pas se concentrer facilement sur une tâche », rapporte-t-elle. Des effets qualifiés de chroniques (long terme), les victimes ayant été exposés au « Camp Fire » déjà 6 à 12 mois auparavant. A l'électroencéphalogramme, les chercheurs observent une plus grande activité cérébrale frontale. « Cela pourrait signaler l'effort cognitif plus important qu'elles fournissent pendant la tâche d'interférence, par rapport à un groupe témoin. » En clair, ces personnes souffrant de traumatisme climatique devaient compenser leur défaillance en fournissant un effort supplémentaire pour rester concentrées par rapport aux témoins sains. Des résultats qui se confirmaient chez tous les sujets exposés au « Camp Fire », même de façon indirecte, et qui font écho à ce qui est observé chez les personnes souffrant de TSPT. « Le traumatisme climatique ressemble au TSPT, mais il reste encore beaucoup de travail à faire pour comprendre les caractéristiques cognitives distinctes et celles qui sont similaires », nuance Jyoti Mishra.

Si cette étude se concentre sur le « Camp Fire », les chercheurs anticipent des résultats similaires en termes de dysfonction des activités cognitives et cérébrales dans d'autres contextes de catastrophe climatique. En outre, ils recommandent chez ces personnes l'usage de stratégies permettant de réduire le stress, comme la méditation pleine conscience, l'activité physique régulière, un bon sommeil, une bonne hygiène de vie et de fortes connexions sociales.

Contexte

La population mondiale atteignait 7,63 milliards en janvier 2018. Chaque jour, on compte 244.000 nouvelles personnes de plus dans le monde, (soit + 2,7 par seconde). Autrement dit, la population mondiale s'accroît chaque année de près de 89 millions d'habitants grâce à un nombre de naissances supérieur (150 millions) à celui des décès (61 millions). Selon l'ONU, le 1er janvier 2017 il y avait 7,55 milliards d'habitants sur terre contre 7 milliards le 31 octobre 2011. Elle continue d'augmenter, mais le taux d'accroissement naturel (différence entre le taux de natalité et le taux de mortalité) diminue régulièrement : il est passé de 2,04 % à la fin des années 1960 à 1% en 2017. Le taux de croissance de la population mondiale est donc en baisse après avoir connu plusieurs pics à 2,1% entre 1963 et 1971, tendance qui touche désormais tous les continents. Mais ce n'est pas parce que l'humanité croît à un rythme moins rapide qu'elle ne croît pas encore beaucoup numériquement. Son évolution actuelle se base en effet sur un nombre beaucoup plus élevé de personnes qu'à l'époque. La population de notre planète a été multipliée par 47 en 2500 ans en passant de 150 millions d'habitants à 7 milliards au début du XXIe siècle. Au début de notre ère, la population mondiale était estimée à 170 millions d'habitants. Entre 540 et 770, la peste a tué 100 millions d'habitants. Durant cette période la population est restée stable, à 190 millions d'habitants. En l'an 1000, la population atteignait 310 millions d'habitants En 1500, la population atteignait 425 millions et en 1815 : 1000 millions. Jusqu'en 1815, la population augmente de 4 millions d'habitants par an (forte mortalité infantile et espérance de vie inférieure à 40 ans). Les guerres et les pandémies n'ont eu que peu d'effets négatifs sur la croissance démographique globale. En 1850 (révolution industrielle) elle est de 1260 millions. En 1900, 1650 millions. Puis 2000 millions e 1927, 3000 en 1960, 4000 en 1974, 5000 en 1987, 7000 en 2011 et 7500 en 2016. Au cours des siècles, la part de l'Asie dans la population mondiale est restée relativement stable, autour de 60 %, tandis que celle de l'Europe a culminé vers 1900 à 25% avant de s'effondrer à environ 10% de nos jours.

La population humaine explose actuellement parce qu'elle traverse une période de « transition démographique ». Ce moment se caractérise par une chute brutale de la mortalité suivie avec retard d'une baisse également forte de la natalité. L'effet est arithmétique, le nombre de naissances dépassant de loin, dans l'intervalle, celui des morts. Les pays industrialisés sont parvenus au terme de cette transition et ont retrouvé une situation plus ou moins stable. Des dizaines d'autres, en revanche, se trouvent encore en plein dedans.

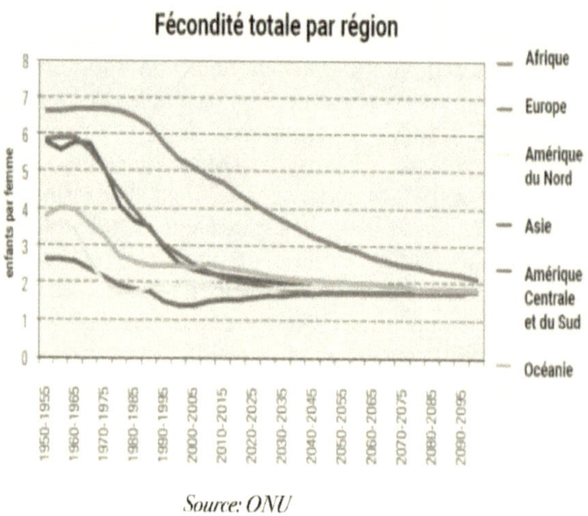

Source: ONU

Les femmes ont de moins en moins d'enfants. En 1950, 1 milliard d'humains sur 2,5 vivait dans des sociétés où les femmes avaient 6 enfants et plus, une catégorie désormais en voie d'extinction. Aujourd'hui, plus de 3 milliards d'humains sur 7 vivent dans des sociétés où les femmes ont moins de 2,1 enfant. Et ils seront plus de 8 milliards sur 10 en 2100.

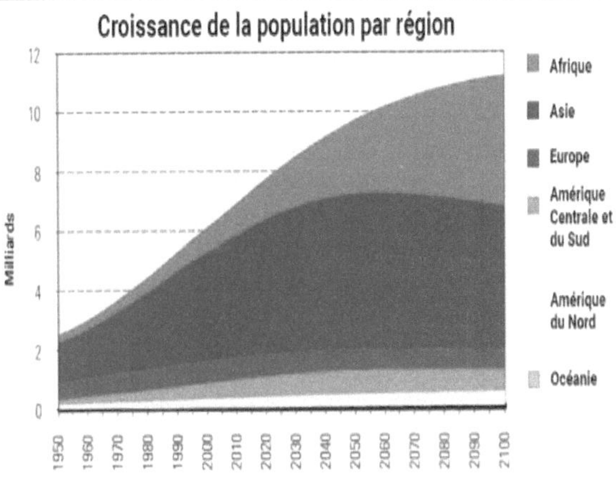

Source: ONU 2015

Les Nations unies ont publié de nouvelles projections démographiques. En partant de trois scénarios différents (fertilité haute, moyenne et basse), elles chiffrent la population mondiale en 2100 à respectivement 15,8, milliards, 10,1 milliards et 6,2 milliards. A titre de référence, elles indiquent que si le taux de fertilité restait à son niveau actuel, la population mondiale s'élèverait en 2100 à près de 27 milliards.

Le cap des 7 milliards d'habitants a été franchi au printemps 2012. Il y avait 6,894 milliards d'habitants sur Terre début janvier 2011. L'espérance de vie dans le monde est passée de 27 ans en 1880 à 69,1 ans dans les années 2000. La population mondiale est passée de 1,66 milliard à 6 milliards d'habitants au cours du 20ème siècle : à la fin des années 60, il y avait 80 millions de nouvelles personnes sur terre chaque année. L'Inde comptera 1,396 milliard en 2025 et aura alors dépassé la Chine (1,394 milliard). Loin derrière, les Etats-Unis continueront de voir leur population croître (357 millions) selon le Bureau du recensement américain.

En 2025, 5 milliards d'habitants du monde seront des urbains. En 2050, il y aura sans doute 2/3 de la population vivant dans les villes ; ce qui ne va pas sans poser de problèmes de gestion des ressources naturelles. 20 mégapoles représentent 9 % de la population mondiale. La plus importante d'entre elles est Tokyo, avec 35 millions d'habitants. Mumbai (Bombay) et Mexico : 21 millions, São Paulo : 20 millions, New York : 19 millions, Delhi : 18 millions, Shanghai : 17 millions, Calcutta, Dhaka et Jakarta : 16 millions. Au niveau mondial, la densité urbaine moyenne est de 906 hab./km2. Elle est plus forte dans les pays en développement, où elle atteint 1 392 hab./km2, voire 2547 hab./km2 dans les pays les moins développés. En 2007, selon l'association anglaise, « The people and the Planet », 1 milliard de personnes ne disposerait pas de l'eau courante… Par ailleurs, l 'être humain a grandi de 7 cm en près de 2 siècles, passant de 163,4 à 170,2 cm. La superficie totale des continents est 148 647 000 km2, soit approximativement 29 % de la surface. L'Asie bénéficie du plus haut sommet du monde, l'Everest, mais elle regroupe en outre l'ensemble des dix premiers sommets du monde, en termes de hauteur. De nombreux reliefs s'élèvent en Asie, avec des massifs montagneux comme le Tian Shan et l'Himalaya. Le relief sud-américain est quant à lui marqué par la cordillère des Andes qui longe toute sa côte ouest. La disposition du relief nord-américain est longitudinale : la région se décompose en ensembles différenciés qui se succèdent d'est en ouest. Le point culminant d'Amérique du Nord, le Denali, se trouve en Alaska. Le point culminant de l'Afrique, le Kilimandjaro (un volcan éteint), fait partie de la vallée du Grand Rift. Les principales chaînes de montagnes en Europe sont l'Oural, le Caucase et les Alpes, ces dernières abritant le mont Blanc, point culminant d'Europe occidentale. L'Antarctique est, lui, coupé en deux parties inégales par les monts Trans antarctiques, chaîne de montagne de 3 500 kilomètres de long, formant une courbe en « S » depuis la côte de la mer de Weddell (face à l'île Berkner) jusqu'à la côte de l'océan Antarctique face aux îles Balleny. L'Australie est un continent relativement plat, marqué cependant par certaines zones montagneuses. L'île de la Nouvelle-Guinée offre son plus haut sommet à la région océanienne.

L'espérance de vie des habitants des cinq régions majeures, suivant un modèle subjectif européen séparant Europe et Asie est le suivant : Europe et Océanie : 75 ans, Amériques : 74 ans, Asie : 67,5 ans, Afrique : 52 ans. L'Afrique est marquée par une espérance de vie assez faible, due à un taux de mortalité important, bien qu'il soit inégal suivant les régions du territoire. Par exemple, le Maghreb a un taux de mortalité de 6 ‰ alors que celui de l'Afrique subsaharienne s'élève à 15 %.

L'Europe et l'Océanie sont les régions qui bénéficient de la plus haute espérance de vie, celle-ci étant égale à 75 ans dans les deux cas. L'espérance de vie du continent américain est baissée par celle de l'Amérique du Sud, où certains pays en développement ont une espérance de vie assez faible. Par exemple, l'espérance de vie de la Bolivie s'élève à seulement 66,2 ans. L'espérance de vie du continent asiatique est inégale, avec une espérance de 43,7 ans pour les habitants de l'Afghanistan alors que les Chinois vivent en moyenne jusqu'à 72,9.

Ce que l'on pensait être une force est devenu un problème majeur dans un monde fini : nous sommes trop nombreux à trop consommer, cela ruine les efforts d'efficacité énergétique et de réduction de notre empreinte environnementale individuelle.

Le tableau suivant donne la superficie, la population, la densité
de population et le nombre de pays de chaque continent,
suivant le modèle à sept continents.

Continent	Superficie		Population		Densité	Nombre
	km2	%	2016	%	Au km2	de pays
Asie	44 579 000	30	4 436 224 000	60.2	99,51	47
Afrique	30 065 000	20	1 216 130 000	16,5	40,45	54
Amérique du Nord	24 256 000	16	528 750 000	7,2	21,80	23
Amérique du Sud	17 819 000	12	410 013 492	5,6	22,93	12
Antarctique	13 209 000	9	1 500	0,000 02	0,0001	
Europe	9 938 000	7	738 49 000	10	74,35	45
Océanie	7 687 000	5	39 901 000	0,5	5,19	14

Nous étions 3 milliards dans le monde en 1960 mais depuis
1975 la population mondiale a augmenté d'un milliards de
personnes tous les 12 ans en moyenne. Nous avons atteint les
8 milliards le15 novembre 2022.

Dans un scénario d'évolution moyenne, la population mondiale devrait atteindre près de 11 milliards d'habitants en 2100 (ONU).

Continent	2025	2050	2075	2100
Afrique	1 512 429	2 465 755	3 346 896	3 917 077
Amérique latine et Caraïbes	672 442	748 715	728 889	649 177
Amérique septentrionale	382 112	421 001	439 591	447 907
Asie	4 800 868	5 290 145	5 147 796	4 684 822
Europe	741 376	704 172	636 989	587 362
Océanie	46 375	57 653	64 920	68 657
Monde	8 155 601	9 687 440	10 365 079	10 355 002

Finalement, dans un scénario d'évolution élevée, nous pourrions atteindre 15 milliards en 2100.

Les régimes totalitaires

Le totalitarisme est un régime dans lequel existe un parti unique, n'admettant aucune opposition organisée, et où l'État tend à exercer une mainmise sur la totalité des activités de la société.

Un tel système restreint l'opposition individuelle à l'État. Il exerce ainsi un degré extrêmement élevé de contrôle sur la vie publique et privée. Il est considéré comme la forme d'autoritarisme la plus extrême et la plus complète. Dans les États totalitaires, le pouvoir politique est souvent détenu par des autocrates (c'est-à-dire des dictateurs ou des monarques absolus) qui utilisent des campagnes globales dans lesquelles la propagande est diffusée par des médias de masse contrôlés par l'État.

C'est un concept forgé au XXe siècle, durant l'entre-deux-guerres, avec une apparition concomitante de régimes totalitaires nazi en Allemagne et stalinien en URSS. Le totalitarisme signifie étymologiquement « système tendant à la totalité » : issu de l'ouvrage de Hannah Arendt *Les Origines du totalitarisme* (1951) où elle exprime l'idée que la dictature ne s'exerce pas seulement dans la sphère politique, mais dans toutes, y compris les sphères privée et intime, quadrillant toute la société et tout le territoire, en imposant à tous les citoyens l'adhésion à une idéologie obligatoire, hors de laquelle ils sont considérés comme ennemis de la communauté.

Les caractéristiques habituellement retenues pour définir le totalitarisme sont : d'une part, un monopole idéologique, c'est-à-dire la conception d'une vérité qui ne supporte aucun doute, ne tolère aucune critique, est imposée à tous et se trouve orientée par la lutte contre les ennemis du régime, et d'autre part un parti unique qui contrôle la totalité de l'appareil étatique, c'est-à-dire dispose de l'ensemble des moyens de communication de masse utilisés comme des instruments de propagande, crée des structures d'embrigadement de chaque catégorie de la société et dispose d'une direction centrale de l'économie.

Le parti unique est dirigé idéalement par un chef charismatique, autour duquel est formé un « culte du chef », faisant de lui plus qu'un simple dictateur, un guide pour son peuple, lui seul en connaissant les véritables aspirations. Un monopole de la force armée, un système à la fois policier qui a recours à la terreur avec par exemple un réseau omniprésent d'agents dormants et de surveillance des individus, basé sur la suspicion, la dénonciation et la délation ; et également concentrationnaire afin de pouvoir se prémunir contre tout individu potentiellement suspect. Ainsi ces systèmes ont souvent recours à l'emprisonnement, la torture et l'élimination physique des opposants ou personnes soupçonnées de l'être, et à la déportation des groupes de citoyens jugés « suspects », « inutiles » ou « nuisibles ».

Le concept fut d'emblée un instrument de pensée et de lutte politique. Son emploi se répandit dans les milieux antifascistes italiens. En 1925, les théoriciens du fascisme reprirent de manière opportuniste le terme à leur compte, en lui attribuant une connotation positive, celle d'unité du peuple italien. Benito Mussolini exaltait sa « farouche volonté totalitaire », appelée à délivrer la société des oppositions et des conflits d'intérêts. L'écrivain allemand Ernst Jünger, par son exaltation de la « mobilisation totale », décrit les contours du totalitarisme. Il célèbre la guerre et la technique moderne comme annonciatrices d'un nouvel ordre, incarné par la figure de l'ouvrier-soldat, œuvrant au sein d'une société encadrée et disciplinée comme une armée. Selon lui, la Première Guerre mondiale avait marqué un tournant historique vers cette forme nouvelle de civilisation : pour la première fois dans l'histoire de l'Europe, les forces humaines et matérielles du monde industriel moderne avaient été mobilisées dans leur « totalité » pour accomplir l'effort de guerre.

La première utilisation du terme de totalitarisme pour désigner dans le même temps les États fasciste et communiste semble avoir été faite en Grande-Bretagne en 1929. Dans les années 1930, le concept fut utilisé sous la plume d'écrivains pronazis. Carl Schmitt employait ce terme pour mettre en lumière la crise du libéralisme et du parlementarisme et exprimer la nécessité d'une politique plus autoritaire.

Simone Weil écrivait en 1934 : « il apparaît assez clairement que l'humanité contemporaine tend un peu partout à une forme totalitaire d'organisation sociale, pour employer le terme que les nationaux-socialistes ont mis à la mode, c'est-à-dire à un régime où le pouvoir d'État déciderait souverainement dans tous les domaines, même et surtout dans le domaine de la pensée ». Le concept de totalitarisme cristallisait également la réflexion sur les formes modernes de tyrannie et, plus particulièrement, sur la violence exercée sur autrui, qui semblait inséparable du fonctionnement des régimes nazi et communiste. Par ailleurs, Hannah Arendt distingue toutefois des tendances ou des épisodes totalitaires en dehors de ces deux cas. Elle cite notamment le maccarthysme au début des années 1950 aux États-Unis ou encore les camps administratifs français où furent enfermés les réfugiés de la guerre d'Espagne. Le totalitarisme tel qu'il est décrit par elle n'est pas tant un « régime » politique qu'une « dynamique » autodestructrice reposant sur une dissolution des structures sociales. Dans cette optique, les fondements des structures sociales ont été volontairement sabotés ou détruits : les camps pour la jeunesse ont par exemple contribué à saboter l'institution familiale en instillant la peur de la délation à l'intérieur même des foyers, la religion est interdite et remplacée par de nouveaux mythes inventés de toutes pièces ou recomposés à partir de mythes plus anciens, la culture est également une cible privilégiée. L'identité sociale des individus laisse place au sentiment d'appartenance à une masse informe, et est sans valeur aux yeux du pouvoir ou même à ses propres yeux. La dévotion au chef et à la nation devient la seule raison d'être d'une existence qui déborde au-delà de la forme individuelle pour un résultat allant du fanatisme psychotique à la neurasthénie. La domination totale est réalisée : les « ennemis objectifs » font leur autocritique pendant leurs procès et admettent la sentence. Les agents du NKVD russe arrêtés avaient ainsi un raisonnement du type « si le Parti m'a arrêté et me demande une confession, c'est qu'il a de bonnes raisons de le faire ». Arendt remarque en outre qu'aucun agent arrêté n'a jamais tenté de dévoiler un quelconque secret d'État, et est toujours resté fidèle au pouvoir en place, même lorsque sa mort était assurée.

Contrairement aux dictatures traditionnelles (militaires ou autres), le totalitarisme n'utilise pas seulement la terreur dans le but d'écraser l'opposition. La terreur totalitaire continue même lorsque toute opposition est écrasée. Même si le groupe considéré comme un ennemi a été anéanti (par exemple les trotskistes en URSS), le pouvoir en désignera continuellement un autre. Hitler et les nazis avaient ainsi prévu l'extermination des peuples ukrainiens, polonais et russes une fois les Juifs éliminés.

De plus, le totalitarisme n'obéit souvent à aucun principe d'utilité : les structures administratives sont démultipliées sans se superposer, les divisions du territoire sont multiples et ne se recoupent pas. La bureaucratie est consubstantielle du totalitarisme. Tout cela a pour effet de supprimer toute hiérarchie intermédiaire entre le chef et les masses, et de garantir la domination totale, sans aucun obstacle la relativisant. Le chef commande directement et sans médiation tout fonctionnaire du régime, en tout point du territoire. Le totalitarisme est à différencier de l'absolutisme et de l'autoritarisme (où la source des lois, la légitimité du chef sont extérieures au pouvoir exercé par le régime, comme Dieu ou encore les lois de la nature ; « même le plus draconien des régimes autoritaires est lié par des lois »). Dans le cas de l'autoritarisme, toute la société est hiérarchisée et le pouvoir se transmet de couche en couche, du sommet de la pyramide vers le bas alors que dans le cas du totalitarisme, aucune instance intermédiaire ne vient relayer, voire atténuer l'autorité du chef totalitaire. Claude Lefort fait partie des théoriciens du politique qui postulent la pertinence de la notion de totalitarisme, dont relèvent le stalinisme comme le fascisme, et considèrent le totalitarisme comme différent en son essence des grandes catégories utilisées par le monde occidental depuis la Grèce antique, telles que la dictature ou la tyrannie. Lefort l'applique aux régimes d'Europe de l'Est dans la deuxième moitié du XXe siècle, c'est-à-dire à une époque où la terreur, un élément central du totalitarisme chez d'autres auteurs, avait perdu sa dimension paroxystique. C'est à l'étude de ces régimes, et à la lecture notamment de *L'Archipel du Goulag* (1973) d'Alexandre Soljenitsyne, qu'il a développé son analyse du totalitarisme. Sans la théoriser en un ouvrage unifié, il a publié en 1981 : *L'Invention démocratique : les limites de la domination totalitaire*, recueil d'articles parus entre 1957 et 1980.

De nombreux philosophes, cherchant à trouver une explication aux tragédies du XXe siècle, ont traité de la question du totalitarisme. Le courant philosophique recherchant « l'essence » du totalitarisme a mis l'accent sur son contenu idéologique et ses méthodes. Le fascisme, le nazisme et le stalinisme ont été interprétés en tant que « religions séculières ». Le philosophe allemand Eric Voegelin a construit une analyse du XXe siècle sur la base de cette notion. Les idéologies totalitaires remplaçaient la religion, car elles demandaient à leurs adeptes de croire à la promesse d'un salut sur terre. Pour Marcel Gauchet, certains totalitarismes comme le stalinisme, le fascisme et le nazisme étaient des « religions séculières », des expériences de croyance qui entraînaient le fanatisme. Au-delà de leur antagonisme premier, ce qui unit ces totalitarismes et font leur séduction est la restauration sous des formes modernes de sociétés passées qui étaient organisée par la religion : recours au culte de la personnalité, sacralisation du lien entre le peuple et l'État via le parti unique comme auparavant le clergé, obsession propagandiste et de l'unité de la foi. On peut y ajouter comme autres aspects pratiques, la prise en main totale de l'éducation pour la fonder sur l'idéologie et la mise en place d'un réseau omniprésent de surveillance de l'individu. La technique est prépondérante : ce sont les techniques modernes qui permettent au pouvoir politique une emprise totale sur les populations. L'État totalitaire consiste en une énorme bureaucratie d'une efficacité sans failles. Une des caractéristiques du totalitarisme est d'enrégimenter physiquement et mentalement la population. L'idéologie constitue un instrument de gouvernement sans pareil, par l'endoctrinement des populations. La propagande a l'effet d'un lavage de cerveau, permettant d'obtenir l'assentiment du peuple. Selon Claude Polin, les idéologies totalitaires permettent « de mettre les esprits mêmes en esclavage, et de tarir toute révolte à sa source vive, en ôtant jusqu'à son intention même ». Les politologues de la période des totalitarismes européens tiraient des conclusions très pessimistes pour le futur. Selon eux, il était improbable que les dictatures totalitaires, compte tenu de leur dynamique interne, s'effondrent d'elles-mêmes ou soient renversées par une révolution.

Il y avait aussi d'énormes obstacles à la libéralisation du régime, étant donné l'arbitraire de la loi et l'absence d'initiative démocratique. Les structures du totalitarisme le rendaient incapable d'évoluer, mais pas incapable de se reproduire. Cet État tout-puissant tâchait même d'étendre son emprise sur l'ensemble du monde. Les projets totalitaires de révolution mondiale semblaient seulement pouvoir être contrecarrés par une intervention militaire extérieure, comme cela s'était passé face au nazisme. D'après Raymond Aron, le totalitarisme qualifie les systèmes politiques dans lesquels s'accomplit « l'absorption de la société civile dans l'État » et « la transfiguration de l'idéologie de l'État en dogme imposé aux intellectuels et aux universités ». L'État, relayé par le parti unique, exercerait en ce sens un contrôle total sur la société, la culture, les sciences, la morale jusqu'aux individus mêmes auxquels il n'est reconnu aucune liberté propre d'expression ou de conscience.

L'emploi du concept de totalitarisme a été refoulé durant la période de la Seconde Guerre mondiale, du fait de l'alliance des démocraties occidentales avec l'Union soviétique dans la lutte contre l'Allemagne nazie. Le concept a connu son âge d'or à partir de la proclamation de la doctrine Truman, en 1947. L'analogie entre l'Allemagne de Hitler et la Russie de Staline laissait à penser que la Guerre froide était simplement une répétition des années 1930, car la Russie soviétique pouvait se comporter de la même manière que l'Allemagne dans l'entre-deux-guerres. Selon Les Adler et Thomas Paterson, le « cauchemar d'un "fascisme rouge" a terrorisé une génération d'Américains. La notion de totalitarisme, qui a fait l'objet d'un nombre considérable de travaux et dont l'usage était très répandu, se formulait alors dans une connotation strictement négative. L'économiste Friedrich Hayek, dans *La Route de la servitude*, décrivait le totalitarisme comme une conséquence inéluctable de l'application des mesures socialistes à l'économie totalitariste. Il arguait que la socialisation de l'économie ne pouvait que déboucher sur la suppression totale des libertés, y compris des libertés politiques et donc que le socialisme était structurellement incompatible avec la démocratie. Friedrich Hayek pensait que des liens systémiques unissaient l'économie, le droit et les institutions politiques.

S'opposer au libre fonctionnement des mécanismes du marché, dans lequel il voyait la source ultime de toute civilisation, reviendrait à installer un régime tyrannique. L'idée selon laquelle la planification économique serait le principe du totalitarisme a connu un important succès aux États-Unis. Dans *The Fatal Conceit*, Friedrich Hayek a repris une dernière fois sa critique du socialisme, qu'il considérait comme une erreur fatale et le produit de la vanité intellectuelle. Pour Bertrand de Jouvenel, c'est la démocratie qui est totalitaire : il a ainsi intitulé l'un des chapitres de son ouvrage principal *Du pouvoir* « La démocratie totalitaire ». Il considère que la démocratie en laissant l'espoir à chacun d'accéder au pouvoir incite à la prise du pouvoir et non à la réduction de l'«arbitraire étatique », phénomène entraînant un renforcement toujours plus grand des États.

Dans les années 1970, la notion de totalitarisme a été adoptée par des intellectuels d'Europe de l'Est émigrés en Occident, tels Leszek Kołakowski, Michel Heller ou Alexandre Zinoviev. Bien des dissidents de l'Est reproduisaient au travers de leurs travaux les descriptions les plus classiques du totalitarisme. Ils ont insisté de manière unanime sur le succès des politiques totalitaires. Kolakowski décrit le système stalinien comme « système politique où tous les rapports sociaux ont été étatisés et où l'État omnipotent se retrouve seul face à des individus réduits à l'état d'atomes » et le stalinisme comme « un marxisme-léninisme en action », c'est-à-dire le résultat inévitable de la mise en pratique de la vision du monde marxiste-léniniste. Les recherches sur la notion de totalitarisme se sont effectuées dans le contexte politique de la Guerre froide, où le modèle libéral s'opposait au modèle communiste. Après avoir été instrumentalisé par le maccarthysme aux États-Unis dans les années 1950, le concept de totalitarisme a commencé à être désavoué au cours des années 1960 par la recherche empirique des sciences sociales, dans le cadre d'un mouvement général de remise en question du libéralisme, favorisée par la détente. De nouvelles interprétations sont alors apparues : d'une part l'hostilité générale envers l'URSS faiblissait, d'autre part, les nouvelles relations entre les États-Unis et l'URSS ont entraîné des échanges intellectuels entre les deux pays (les chercheurs occidentaux étaient autorisés, bien plus que dans le courant des années 1950, à travailler dans les archives et les bibliothèques soviétiques).

Il apparaissait évident que, dans les faits, l'État soviétique n'était pas parvenu à « atomiser » la société ou à éliminer la vie privée : les théoriciens du totalitarisme avaient surestimé les capacités du pouvoir soviétique à contrôler la société, et sous-estimé les capacités de résistance des individus. Tel qu'on l'avait connu, le système nazi ne manifestait aucun signe d'affaiblissement ou d'effondrement intérieur, au contraire, avant que la victoire alliée ne mette un terme à son existence. Or, après la mort de Staline, à partir de Khrouchtchev, l'Union soviétique avait commencé à changer, ce qui infirmait l'immobilisme prêté au système par le « modèle totalitaire ». La terreur s'était apaisée (pourtant considérée comme une caractéristique fondamentale du totalitarisme), le pouvoir personnel de Staline avait laissé place à une direction collective, des groupes de la nomenklatura bénéficiaient d'un rôle accru, la « purge permanente » avait laissé place au souci de sécurité de l'oligarchie. L'idéologie servait à la justification du pouvoir en place plutôt que de moteur dynamique de transformation de la société. Enfin, la consommation et l'économie parallèle progressaient et le pays s'ouvrait économiquement vers l'extérieur.

Les théoriciens du totalitarisme comme Hannah Arendt et Zbigniew Brzezinski avaient mis au premier plan de leur analyse les formes extrêmes des dictatures dites totalitaires, qui se sont révélées, en URSS comme plus tard en Chine populaire, liées dans une très large mesure à la personne du tyran. La théorie du totalitarisme n'avait pas envisagé la possibilité que ces régimes s'engagent dans un processus d'apaisement de la dictature. La pertinence du concept de totalitarisme et son utilité pour l'analyse historique et comparative ont alors été remises en question par une nouvelle génération de politologues américains. Ce concept, perçu comme une survivance de la Guerre froide, était accusé de sous-estimer la complexité des régimes auxquels il s'appliquait. Alexander J. Groth émettait des doutes sur la capacité du concept de totalitarisme à comprendre correctement l'Italie fasciste, l'Allemagne nazie et l'Union soviétique. Ce concept se concentrait sur les traits que ces régimes avaient en commun, alors que leurs différences méritaient une plus grande attention. Les Adler et Thomas Paterson partageaient cette opinion : « les différences réelles entre les systèmes fasciste et communiste ont été obscurcies ».

Pourtant, poursuivaient-ils, les origines, les idéologies, les buts et les pratiques de ces systèmes étaient largement différents. La recherche historique a peu à peu mis en cause la légitimité du parallèle entre nazisme et communisme, en soulignant notamment la spécificité du génocide nazi, et plus généralement la singularité de régimes qui n'ont pas les mêmes origines.

Selon Robert C. Tucker, la comparaison entre l'Allemagne nazie et la Russie communiste était trop étroite. De plus, de nombreux auteurs convaincus que le régime soviétique découle de déviations historiques qui trahissent l'idéologie communiste, reprochent au « modèle totalitaire » d'établir une filiation entre le communisme, le bolchevisme et le stalinisme. Cette filiation considère le monde communiste comme un tout, et n'est que peu sensible aux différences existant entre les pays communistes. Dans un article, Herbert J. Spiro regrettait le fait que le terme de totalitarisme ait été un slogan anticommuniste durant la Guerre froide : l'usage propagandiste du terme « a eu tendance à obscurcir l'utilité qu'il pouvait avoir pour l'analyse systématique et la comparaison des entités politiques ». Benjamin Barber, pourtant ancien défenseur de la théorie du totalitarisme, appelait au dépassement d'un concept condamné « sinon par l'oubli, du moins par une désuétude croissante ». John Alexander Armstrong, intellectuel conservateur, a lui aussi critiqué explicitement le concept de totalitarisme à la fin des années 1960, arguant qu'il n'était pas capable de rendre compte de l'évolution de plusieurs régimes communistes. L'expérience de démocratisation menée en Tchécoslovaquie lors du « printemps de Prague » de 1968 a rouvert le débat sur le changement dans les pays communistes et sur les différences entre ceux-ci. Le paradigme du totalitarisme est ainsi entré en conflit avec les nouveaux domaines de recherche qui intéressaient les spécialistes en sciences sociales et les historiens qui s'ouvraient aux méthodes des sciences sociales. Le « modèle totalitaire », par exemple, n'encourageait pas les études portant sur les rapports et les différences entre le centre et la périphérie. Georges Mink par exemple, dans *Vie et Mort du bloc soviétique*, préfère parler de soviétisation/désoviétisation lorsqu'il s'agit d'aborder les pays du bloc de l'Est (URSS et pays satellites).

Néanmoins, l'idée de totalitarisme n'était pas complètement écartée : elle désignait une phase caractéristique des débuts de la domination communiste qui exigeait la mobilisation de la société, le plus souvent pour cause d'industrialisation. À la suite de cette phase d'industrialisation, l'élite révolutionnaire s'est bureaucratisée et la société communiste est devenue bien plus complexe et différenciée. C'est pourquoi, en comparaison avec l'Allemagne nazie de Hitler, certains chercheurs limitent la période totalitaire au régime de Staline, particulièrement dans ses dernières années (1950-1953), où la paranoïa de Staline atteignit son paroxysme. À partir de 1970, le constat que les régimes communistes n'étaient pas statiques, mais qu'ils traversaient au contraire différentes phases, faisait quasi-unanimité parmi les universitaires. Ils étaient nombreux à estimer que de nouveaux modèles théoriques étaient nécessaires pour étudier les États et les sociétés communistes dans la période poststalinienne. Dans les sciences humaines, le terme a donné lieu à un débat qui n'est toujours pas clos. Le terme a fait l'objet de nombreuses définitions, différentes et parfois antagonistes selon les convictions des auteurs. Certains auteurs qualifient de totalitaires des régimes comme l'Allemagne sous Adolf Hitler, l'URSS sous Staline, le Turkménistan sous Saparmyrat Nyýazow, la Corée du Nord sous Kim Il-sung puis Kim Jong-il, le Cambodge sous Pol Pot (Khmers rouges), l'Iran sous Khomeini, Cuba sous Fidel Castro, la Chine à l'époque de Mao Zedong ou l'Afghanistan sous les Talibans. L'empire du Japon de 1932 à 1945, la Première République française du temps de la Terreur ainsi que le Régime de Vichy présentent de nombreux caractères totalitaires. Les politologues des débuts de la Guerre froide ont beaucoup cité Hannah Arendt pour sa comparaison entre Allemagne nazie et Russie soviétique, mais contrairement à elle, ils n'ont pas creusé le problème du point de vue social et historique. Carl Friedrich et son école se sont bornés à l'analyse des régimes totalitaires une fois constitués, quitte à négliger la question de leurs origines. Comme le dit Enzo Traverso, « l'affinité essentielle entre l'Allemagne nazie et l'URSS était postulée sur la base d'une simple comparaison phénoménologique, statique, descriptive, jamais étudiée à partir de la genèse et de la dynamique de ces régimes ».

Friedrich semble s'excuser : « pourquoi les sociétés totalitaires sont ce qu'elles sont, nous ne le savons pas ». D'après l'historien Enzo Traverso, la principale conséquence de l'application des concepts d'idéocratie et de religion séculière a été « de déshistoriser le fait totalitaire, qui ne sera pas étudié comme résultat d'un processus social et politique mais réduit à l'incarnation d'une idée ».

Dans un article au titre éloquent, Ian Kershaw marque ses fortes réticences à l'égard de la théorie du totalitarisme. Concernant le Troisième Reich, l'historien anglais conteste l'atomisation de la société civile, premier des traits du totalitarisme selon Hannah Arendt. Son étude sur la Bavière lui permet d'affirmer qu'une opinion populaire demeure, indépendamment de l'idéologie nazie. La société a su s'appuyer sur ses traditions pour exprimer ses doléances ou pour opposer une résistance ponctuelle, elle ne s'est donc pas réduite à « l'homme unique » dont Arendt parlait. Selon Kershaw, le concept de totalitarisme « aide, contre la propre volonté de la plupart de ses utilisateurs, à marquer les différences radicales qui existent » entre les deux régimes stalinien et nazi. Il conclut en considérant que « le concept de totalitarisme a un pouvoir essentiellement descriptif, très faiblement explicatif - ce en quoi il n'est peut-être d'ailleurs pas un concept ».

Concernant l'Union soviétique, « le débat autour du totalitarisme a souvent occulté la complexité de l'organisation du commandement, et plus généralement des formes du gouvernement stalinien ». De manière plus directe, Roland Lew, historien spécialiste de la Chine maoïste, parle d'un paradigme « profondément obsolète », basé sur « une conception largement ahistorique », qui « n'a continué à vivre et même à prospérer que grâce à l'affrontement idéologique ».

Malgré les critiques, l'analyse au travers du prisme du totalitarisme n'a pas été abandonnée. De nombreux auteurs en ont défendu la valeur heuristique. Le Polonais Leszek Kołakowski reconnaissait qu'« un modèle parfait d'une société totalitaire est introuvable ». Mais d'après le philosophe polonais, cela ne constituait pas un obstacle sérieux à l'utilisation du concept, étant donné que les concepts employés pour décrire les phénomènes sociaux de grande échelle n'avaient jamais d'équivalents empiriques parfaits.Il pouvait y avoir des changements significatifs en URSS, mais sans transformation fondamentale du communisme, le contrôle total ayant toujours été l'objectif d'un parti qui se voulait omnipotent. L'Américain Martin Malia s'est lui aussi inspiré de la pensée weberienne : le totalitarisme est un idéal-type, « toujours imparfaitement réalisé dans le domaine empirique ». Un idéal-type est une abstraction qui ne se retrouvera jamais telle quelle dans la réalité, mais qui permet néanmoins l'intelligibilité du phénomène sur le plan conceptuel, sa compréhension. Selon l'historien américain, le mot « totalitaire » ne veut pas dire que « des régimes de ce genre exerçaient de fait un total contrôle de la population (puisque c'est impossible), mais qu'un tel contrôle était leur aspiration fondamentale ». Les régimes tentent d'être totalitaires, mais la résistance des faits, de la réalité sociale ou économique, et la résistance active ou passive des populations, les en empêchent, et parviennent à préserver des espaces non-contrôlés.

La théorie du totalitarisme a connu un nouvel essor dans les années 1990. L'effondrement de l'URSS, en 1991, a partiellement donné raison à ses partisans. Les historiens de l'école révisionniste soutenaient majoritairement que le régime soviétique était un État moderne, puisqu'il était réformable. Or, les tentatives de restructuration menées par Mikhaïl Gorbatchev ont conduit à la ruine complète du système. Martin Malia annonça dès 1990 l'échec de la *perestroïka* dans un article publié anonymement qui connut un certain retentissement. Il y expliquait notamment que Gorbatchev échouerait parce qu'il restait trop « communiste » et que le système soviétique n'était pas réformable. Il présentait le régime « totalitaire » soviétique comme reposant sur quatre piliers intangibles :

- Le rôle dirigeant du parti.

- Une planification économique autoritaire.

- Une police politique.

- Une idéologie obligatoire ».

Selon Malia, toucher à l'un de ces piliers, tous indispensables au maintien du système, revenait à provoquer son « écroulement total ».

La fin du XXe siècle et le début du XXIe siècle ont vu fleurir de nouveaux néologismes politiques contenant « totalitarisme ». Cet usage met l'accent sur le fait que les actions ciblées aboutissent à imposer un régime qui remplit les critères du totalitarisme. Le film libertaire *De la servitude moderne* décrit quant à lui la mondialisation et le système économique et politique qui l'accompagne comme un « totalitarisme marchand » où l'homme serait réduit à la condition d'esclave.

Les régimes tribaux

Dans son sens premier, le tribalisme se réfère à la conscience de soi d'un groupe, au sentiment d'appartenance et d'identité sociale et culturelle. Le tribalisme exprime une réalité complexe, à la fois culturelle, idéologique et politique.

Mais le tribalisme recouvre des phénomènes et des réalités si différents et disparates qu'on ne sait plus s'il renvoie au type de structure sociale qui semble la justifier (tribu) ou à un phénomène spécifique plus ou moins indépendant d'une formation sociale ou historique précise. Michel Rostagnat considère que l'essence du totalitarisme est la mise en face-à-face entre l'individu et l'État, en supprimant les corps intermédiaires. La nature totalitaire de l'État islamique est débattue chez les chercheurs. L'historien spécialiste de l'antisémitisme Georges Bensoussan pense que l'État islamique n'est pas islamo-fasciste car le fascisme est un concept européen qui ne rend pas compte de l'aspect complètement étranger de Daesh, mais bien une idéologie totalitaire tout comme l'était le nazisme. La diversité humaine, si elle peut être une richesse, une source de dynamisme et de créativité pour un pays, peut aussi s'accompagner de difficultés de coexistence ou d'assimilation, comme les exemples américain ou ouest-européen le montrent. Les problèmes peuvent se muer en tensions, voire en affrontements, si les sociétés concernées ne veulent, ne peuvent ou ne savent pas les maîtriser. Alors, toute différence peut devenir prétexte à conflit, à commencer par l'une des plus anciennes : l'appartenance à un clan et/ou à une tribu. Chaque société humaine doit instaurer et faire respecter des règles, si elle veut survivre et disposer de ressources. Au stade d'évolution atteint par l'humanité, l'État territorial souverain apparaît, aujourd'hui, comme la forme la plus élaborée d'organisation pour parvenir à ce but. Or, la division en clans ou en tribus continue de segmenter certaines sociétés, ce qui contribue à priver l'État de son rôle régulateur, alors qu'il serait le seul à même de gérer l'espace et les hommes placés sous son autorité.

L'État de droit constitue, en effet, un stade organisationnel récent, qui est loin d'avoir supplanté les modes antérieurs sur l'ensemble des territoires. Parfois, des clans ou des tribus contrôlent l'État ou lui échappent, ce qui pérennise les régulations traditionnelles et les tensions ou les conflits qui leur sont liés. Dans d'autres cas, ces mécanismes ne survivent que localement. Chaque situation étudiée nécessite donc de porter le regard sur divers niveaux spatiaux. L'analyse de ce phénomène complexe suppose également d'écarter toute généralisation dans l'espace et dans le temps : les sociétés évoluent, et leurs membres réalisent des compromis en permanence. Difficile, dans ces conditions, de mettre en évidence un "modèle". La tribu n'est plus, à la limite, qu'un signifié du passé précolonial et des formes sociales élémentaires. Mais les situations coloniale et néocoloniale ont donné naissance à de nouveaux tribalismes qui ne se réduisent pas à la simple mise à jour des tribalismes antérieurs. Ce phénomène – secondaire – est déterminé par les nouvelles contradictions sociales (d'origine externe) auxquelles les sociétés ethniques ou tribales se trouvent confrontées.

Cette forme de tribalisme devient une expression politique et sociale dont le contexte d'explication n'est pas le passé précolonial mais l'État national et les luttes de classes qui le traversent. La confusion commune vient de ce qu'on explique et décrit ce tribalisme avec les caractéristiques du premier. En dernier lieu, le tribalisme peut acquérir un sens supra-tribal et définir une espèce de nationalisme, comme c'est aujourd'hui le cas de la communauté indienne aux États-Unis. Ce tribalisme, volontaire et construit, peut même devenir une nouvelle idéologie qui n'a plus aucun rapport avec un groupe tribal, quel qu'il soit.

L'usage du terme tribalisme est très largement péjoratif. Le vocabulaire qui lui est le plus fréquemment associé est négatif ou dépréciatif : les haines, les oppositions, les luttes, les éclatements (tribalistes) connotent un champ sémantique confus et opaque. Le tribalisme devient un cadre vide et formel qui se trouve défini par ses qualificatifs. Même sans le vouloir, ceux qui parlent des valeurs négatives et positives du tribalisme insistent tant sur les premières que les secondes paraissent bien dérisoires. Ainsi, l'anthropologue britannique P.C. Lloyd mentionne « l'hostilité et la rivalité ethniques » et affirme que « l'exclusivisme ethnique procure une base toute prête à des mouvements politiques séparatistes ». Comment, dans ces conditions, penser l'identification ethnique comme un instrument de la construction nationale ! Le tribalisme serait donc, avant tout, une forme dépassée ou inadaptée de la cohésion sociale. Les théoriciens de l'anthropologie appliquée, comme L. Mair ou B. Malinowski, ont pu cautionner une telle interprétation qui ignore les conséquences complexes de la domination coloniale. Leur vision étroitement fonctionnaliste les conduit à concevoir le tribalisme comme l'expression d'une unité autonome et autarcique, qui refuse et méconnaît le « contrôle extérieur » (c'est-à-dire en fait le pouvoir colonial). C'est ainsi que naît la dichotomie politique qui oppose le tribalisme (particulariste-conservateur) au nationalisme (universaliste-novateur). Cette conception générale se retrouve dans la plupart des courants théoriques qui se partagent l'anthropologie et la sociologie du sous-développement.

Les régimes libéraux

Le libéralisme est un courant de pensée qui prône la défense des droits individuels, subjectifs, dans la lignée de John Locke, au nom d'une vision fondée sur l'individu et la coopération volontaire entre les humains. Emmanuel Kant ajoutera à cette définition, et c'est cette conception spiritualiste du libéralisme qui prévaudra en Europe, que la plus haute valeur observée dans un état de droit, c'est la dignité de la personne humaine ; cette dernière étant autonome, donc libre d'agir et de choisir ses propres fins. Le libéralisme tel que défini par Locke est plus progressiste, tandis que le libéralisme de Kant et de Hayek est plus conservateur (déontologie, discipline de la volonté). Ainsi, la pensée libérale repose sur le principe de la responsabilité morale, du libre arbitre et s'oppose aux doctrines matérialistes (marxisme, utilitarisme, hédonisme, réductionnisme, scientisme, biologisme)…

Les libéraux estiment que les êtres humains, êtres rationnels, perfectibles et libres, possèdent des droits fondamentaux qu'aucun pouvoir n'a le droit de violer. En conséquence, les libéraux veulent limiter les obligations sociales imposées par le pouvoir et plus généralement le système social au profit du libre choix de chaque individu. Le libéralisme repose sur un précepte moral qui s'oppose à l'assujettissement, d'où découlent une philosophie et une organisation de la vie en société permettant à chaque individu de jouir d'un maximum de liberté, notamment en matière économique. De fait, si les libéraux ne sont pas moralement relativistes, la répression leur semble préférable à la prévention dans le traitement du crime, et ce, en dehors de tout calcul utilitaire et d'intérêt ; la moralité suppose la dignité humaine, donc la liberté reste la règle (Hegel, *Principes de la philosophie du droit*, §100-104). Pour les libéraux, la dichotomie entre « libéralisme économique » et « libéralisme politique » est artificielle, elle permet de définir plus précisément ce qu'est la liberté appliquée à des domaines différents.

Au sens large, le libéralisme prône une société fondée sur la liberté d'expression des individus dans le respect du droit, du pluralisme et du libre-échange des idées. La satisfaction et l'expression libre de l'intérêt de chacun permet une société qui valorise les meilleures adaptations. Elle doit joindre, d'une part, dans le domaine économique, l'initiative privée, la libre concurrence et son corollaire l'économie de marché, et d'autre part, dans le domaine politique, des pouvoirs politiques encadrés par la loi librement débattue, et des contre-pouvoirs. Cela suppose idéalement un état de droit où sont respectées les minorités jusqu'à la plus petite, l'individu ; l'État n'étant que le garant de ce respect et devant rendre des comptes de son action. Cette position théorique implique le respect du pluralisme et une adaptation aux évolutions sociales. Au libéralisme classique fondé davantage sur la liberté en tant que droit négatif (protection contre la coercition directe du souverain), s'oppose parfois le libéralisme social fondé sur la liberté en tant que droit positif (protection exigée du souverain contre la misère matérielle ou la pression morale communautaire, quitte à accorder au souverain un droit de coercition sociale à cette fin). Ainsi le libéralisme peut se manifester de diverses façons, parfois opposées. Le *libéral* peut être suivant le cas celui qui exige de l'État qu'il brise un traditionalisme religieux ou social oppresseur pour l'individu (caste, statuts, discriminations et privilèges…), celui qui défend la liberté de pratiquer une religion ou une tradition, celui qui demande que l'État intervienne pour redonner une véritable capacité d'action économique (bridée par un monopole, la pauvreté, le manque d'éducation, de crédit ou autre), ou encore celui qui s'oppose à l'intervention du pouvoir (dans le respect de l'initiative privée, de la libre concurrence, de l'égalité de traitement…). Les limites à fixer à l'action de l'État, ainsi que les modalités de l'action publique, notamment aux rôles respectifs de l'action administrative et de la loi, sont donc sujets à débat au sein même du libéralisme. La plupart des libéraux considèrent que l'action de l'État est nécessaire à la protection des libertés individuelles, dans le cadre de ses fonctions régaliennes, et nombre d'entre eux (comme Adam Smith, Raymond Aron, Karl Popper ou Benedetto Croce) acceptent et même recommandent certaines interventions de l'État dans l'économie, notamment en matière de contrôle et de régulation.

À l'opposé, les libertariens de tendance anarcho-capitaliste refusent à l'État toute légitimité dans quelque domaine que ce soit. La « glorieuse révolution » anglaise de 1688, la révolution américaine et la révolution française de 1789 sont en partie les conséquences concrètes de réflexions libérales sur le plan politique. Les penseurs libéraux se réclament de l'héritage de la pensée antique et médiévale. Néanmoins, c'est à partir des XVIIᵉ – XVIIIᵉ siècles que le libéralisme se développe autour de certains penseurs, dont Locke, Montesquieu, Turgot, Kant et Adam Smith. Aux États-Unis et en Europe, on considère que les libéraux défendent des idées progressistes : la démocratie, le droit et le marché vont pacifier les mœurs et améliorer les sociétés humaines. Les libéraux sont, avec les socialistes, des héritiers des Lumières et partagent leur optimisme anthropologique ; cela les place à la gauche ou au centre de l'échiquier politique. La liberté étant considérée comme synonyme de l'égalité de droit, les libéraux mettent alors l'accent sur la liberté de mœurs et les droits civils. En économie notamment, le qualificatif « libéral » sert à désigner une personne favorable à la liberté d'entreprendre, à la protection de la propriété et à la limitation du poids de l'État. Les personnes qualifiées de néolibéraux sont en fait des néoclassiques. Le fondement de la pensée libérale repose sur le droit et en particulier sur le droit naturel. Selon cette théorie, chaque être humain est seul maître de lui-même et possède des droits fondamentaux et inaliénables qui découlent de sa simple existence et sont inhérents à la nature humaine, indépendamment des structures sociales dans lesquelles il est inséré. Ces droits sont le droit à la liberté d'expression, la liberté de circulation, le droit à la propriété privée, la liberté de réunion ou de choisir son métier. Du droit à la vie découlent le droit de légitime défense contre toute agression, le droit à la sûreté et le droit de résistance à l'oppression. Il existe une conception classique du droit naturel, défendue par les libéraux-conservateurs et reposant sur la liberté positive.« La liberté consiste à pouvoir faire tout ce qui ne nuit pas à autrui : ainsi, l'exercice des droits naturels de chaque homme n'a de bornes que celles qui assurent aux autres membres de la société la jouissance de ces mêmes droits. »

La liberté se traduit par le droit pour chacun d'agir comme il le décide afin de poursuivre ses objectifs propres par ses moyens propres, d'échanger, de s'associer et de contracter librement, de s'exprimer librement et de choisir librement ses sources d'information. Le droit de propriété est le droit pour chaque individu de disposer à sa guise du fruit de son activité et des richesses qu'il a créées ou acquises de façon légitime, ainsi que de s'approprier toute chose (par exemple l'espace qu'il occupe ou l'air qu'il respire) qui n'est pas déjà la propriété d'un autre individu. Ces droits ont un caractère universel. Ils sont applicables à tous les êtres humains, à tout moment et en tout lieu, ce qui fonde l'égalité en droit. La thèse libérale et moderne des droits naturels est largement développée par John Locke, puis surtout par Immanuel Kant. De cette théorie est issue la conception moderne des droits de l'homme qui a fourni historiquement une partie de la justification idéologique de la Révolution américaine et de la Révolution française. Cependant, la théorie des droits naturels a été vigoureusement contestée par Jeremy Bentham et John Stuart Mill. Selon ces deux auteurs, les principes du libéralisme ne ressortissent pas au respect de droits naturels dont Bentham et Mill nient par ailleurs l'existence, mais à la contribution de la liberté à notre bonheur. Dans la logique utilitariste, dont les thèses défendues sont matérialistes, une société heureuse est une société libre où chacun vit comme il l'entend tant que cela ne nuit pas à autrui (Bentham, Beccaria, Helvetius...) ; toutefois, la liberté humaine est considérée comme un moyen en vue de poursuivre une fin supérieure : le bonheur collectif et matériel. C'est le *principe de non-nuisance* développé par J.S. Mill dans son *De la liberté*. L'utilitariste pense donc que les sociétés libérales sont celles qui maximisent notre bonheur. On voit dès lors où se situe la différence entre l'école libérale des droits naturels dont Kant est un des représentants les plus marquants, et le libéralisme utilitariste. L'utilitarisme admettra par exemple le sacrifice de certains au bonheur du plus grand nombre tandis que le libéralisme d'obédience kantienne (la déontologie) tiendra la dignité humaine pour sacrée puisque le respect absolu de la personne humaine est exigée par la raison pure.

La question se pose alors de savoir si une démocratie libérale a le droit d'enrôler ses citoyens lorsqu'elle est en danger. Faute d'envisager des cas tels que la guerre, la théorie libérale des droits naturels s'interdit de penser le rôle de l'État (dont la version extrême libertarienne conteste du reste la légitimité) dans les relations internationales.

Inversement, l'utilitarisme libéral peut courir le danger grave de justifier les raisonnements du type « la fin justifie les moyens ». Jusqu'où a-t-on le droit de sacrifier le bonheur de certains au bonheur du plus grand nombre ? Ou bien encore : y a-t-il place pour l'eugénisme dans une société libérale ? La morale libérale peut se résumer par un seul précepte : « Tu ne violeras pas les droits naturels d'un autre être humain ». Elle laisse chacun libre de choisir ses propres fins, ses propres moyens, dans la mesure où il n'empêche pas les autres d'en faire autant. Mais réciproquement, ces droits impliquent des obligations qui forment le noyau d'une morale personnelle et exigeante (Kant, *Critique de la raison pratique*). Ils impliquent, au nom de la dignité humaine, l'interdiction de toute agression contre l'intégrité de la personne, du meurtre, du vol et de l'esclavage sous toutes leurs formes, et de toute forme de dictature. Ils commandent la tolérance à l'égard des idées, des croyances et des actes d'autrui.

À part cela, le libéralisme ne prescrit aucun comportement particulier au niveau individuel. Il considère que les religions sont hors de son domaine. De manière plus générale, il se borne à interdire, sauf cas de force majeure, l'usage de la contrainte en matière religieuse, politique et économique. La notion de responsabilité, inséparable de la liberté et de la propriété, suppose que chaque personne doit supporter les conséquences de ses actions, bonnes ou mauvaises, en son âme et conscience. La conscience morale est justement la condition de la liberté et de la perfectibilité humaine : si la morale était relative ou inexistante, alors autrui pourrait légitimement se rendre maître de nos actions, nous imposer ses vues et donc, restreindre notre liberté (un peu comme le ferait un parent envers son enfant). C'est aussi une composante de la sûreté d'autrui.

La notion de liberté est liée à celle d'égalité en droit : la liberté des autres implique de leur reconnaître les mêmes droits que ceux qu'on s'accorde. Pour les libéraux, tous les êtres humains doivent être traités comme des égaux quelles que soient leurs différences. Le libéralisme n'est pas l'anomie ou l'immoralisme entendus comme absence de règles de droits. Le droit est formé d'une part par le droit naturel, et d'autre part par le droit positif qui est le produit des contrats passés entre les individus. Le droit positif se distingue du droit naturel. Il est l'ensemble des règles et normes législatives établies par les êtres humains. Or, selon la théorie libérale du droit naturel, le droit positif doit s'appuyer sur les principes du droit naturel. Cela signifie que les lois doivent respecter les droits fondamentaux et naturels des individus. Hegel explique que le droit naturel est abstrait. Il s'agit dès lors, de donner une réalité matérielle au droit. Les positivistes rejettent cependant cette conception libérale des droits fondamentaux. Les libéraux classiques se méfient de l'État et font davantage confiance aux corps intermédiaires. Les théories politiques de John Locke sont parmi celles qui fondèrent le libéralisme. Les philosophes comme Spinoza font de la négation du libre arbitre, de la nécessité et du déterminisme, les ressorts de l'existence humaine dans le but de les soustraire à l'influence culpabilisante des Églises. La pensée libérale se construit entre le milieu du XVIIème siècle et le milieu du XVIIIème, sous l'impulsion des philosophes des Lumières, en opposition à l'absolutisme politique légitimé par des conceptions religieuses. Les théoriciens du libéralisme sont nombreux et divers. Pour n'en citer que quelques-uns parmi ceux reconnus comme « grands penseurs libéraux » à la naissance du libéralisme, on évoquera John Locke au XVIIe siècle, Turgot ou Smith au XVIIIe siècle. La diversité de leurs écrits ne peut se comprendre qu'en fonction du contexte historique avec lequel ils étaient en interaction.

Ainsi, John Locke pose ce qui deviendra les fondements de la philosophie libérale moderne, avec l'« état de droit », en organisant et en développant ses thèmes principaux : théorie des droits naturels, limitation et séparation des pouvoirs, justification de la désobéissance civile, affirmation de la liberté de conscience, séparation de l'Église et de l'État, avec sa *Lettre sur la tolérance* de 1689, où il combattit les doctrines religieuses intolérantes. La mise en place des nouvelles libertés à la suite des révolutions s'est introduite très rapidement dans le domaine économique et a contribué ainsi au développement économique selon David Hume, important penseur des Lumières écossaises. Voltaire, autre philosophe libéral de la même époque, louait ainsi le gouvernement britannique : « le commerce, qui a enrichi les citoyens en Angleterre, a contribué à les rendre libres, et cette liberté a étendu le commerce à son tour ». Quelques décennies avant la Révolution française, la France se fondait sur plusieurs principes du libéralisme, avec le ministère Turgot, influencé sans doute par le mouvement physiocrate. C'est pourquoi une partie des élites, notamment bourgeoises, ayant soutenu la Révolution française de 1789 et dirigé le pays après la chute de la monarchie constitutionnelle, était partisane du libéralisme qui se traduisait en France par une pensée subversive à l'encontre de la monarchie absolue de droit divin. La relation entre le libéralisme et la Révolution française est complexe puisqu'il est permis de les concevoir à la fois selon la continuité et comme deux termes opposés. Car avant d'être celle de la Terreur, la Révolution française est celle des droits de l'homme et aussi l'héritière de l'Ancien Régime. La Révolution française s'inscrit initialement dans le texte de la Déclaration des droits de l'homme et du citoyen qui est interprétée comme un rappel du droit naturel et des libertés économiques. La prédominance de l'esprit « révolutionnaire » sur l'esprit « démocrate » est née de la radicalité des révolutionnaires à vouloir recommencer à neuf leur histoire, à la différence des Américains, qui n'avaient pas d'Ancien Régime à détruire.

Les idées libérales se diffusent dans la vie politique occidentale, au point de devenir la « base continue » des systèmes politiques à partir du XVIIIe siècle selon Pierre Manent. Pour Raymond Aron, parlant de l'exemple britannique dans la première partie de *L'Opium des intellectuels* (1955), les idées libérales s'imposent au point d'être présentes dans les programmes de tous les partis et de ne plus nécessiter de parti spécifique. Ricardo et John Stuart Mill sont les principaux représentants du libéralisme au Royaume-Uni. À partir de la fin du XIXe siècle, des divergences apparaissent au sein du courant libéral qui portent sur le rôle et la nature des interventions de l'État. Un courant progressiste apparait avec L. T. Hobhouse qui tente de prendre davantage en considération les conditions sociales qui permettent la liberté de chacun. Aux droits sociaux arrachés se sont ajoutés les droits politiques des citoyens (droit de vote et suffrage universel).

En Amérique latine, un premier libéralisme inspiré par Simon Bolivar et les révolutions françaises de 1789, 1830 et 1848, des idées jeffersoniennes et des théoriciens anglais de l'anti-absolutisme, parvient après des décennies de lutte contre les conservateurs à imposer les notions de république et de constitution. Ce premier libéralisme est surtout influent auprès de la bourgeoisie commerçante, des professions libérales et des professeurs ; les conservateurs, représentant plutôt les intérêts des propriétaires terriens et de l'Église, défendaient une certaine soumission aux anciennes métropoles coloniales, le maintien de l'esclavage et de l'État catholique. Après ces premières conquêtes, un second libéralisme entend poursuivre plus loin les réformes : passer du droit d'adhérer à un parti politique au droit d'adhérer à un syndicat, de l'abolition de l'esclavage à la reconnaissance du droit de grève, du droit de vote réservé aux seuls citoyens aisés au suffrage universel. Au début du XXe siècle, ce second libéralisme conduit au radicalisme argentin ou au socialisme. Pour y faire face, l'oligarchie libérale est amenée à se rapprocher des conservateurs, ou à adopter le positivisme. C'est le passage du libéralisme classique au libéralisme moderne.

Les doctrines libérales émergentes à la fin du XVIIIᵉ siècle et au début du XIXᵉ siècle insistent sur l'importance du mérite et du travail, contre les privilèges et l'arbitraire, contre le mercantilisme, contre le capitalisme oligarchique du clergé et de la noblesse.

Au début du XXᵉ siècle, la philosophie libérale va ensuite être radicalement contestée, d'abord par la   puis pendant l'entre-deux-guerres avec la crise économique de 1929, les socialismes de gouvernement (notamment la Seconde République espagnole et le Front populaire français), l'émergence du fascisme et du national-socialisme. L'influence des doctrines opposées aux sociétés libérales entraîne une redéfinition du rôle et des contours de l'État dans le sens d'une intervention croissante (économie étatisée pour le communisme, et État fort et dirigiste pour le nazisme). Après la Seconde Guerre mondiale, la théorie libérale est aussi renouvelée par Bertrand de Jouvenel, Raymond Aron ou Karl Popper et Benedetto Croce. Le libéral britannique William Beveridge dans *Social Insurance and Allied Services* fournira également les bases de réflexion à l'instauration du *Welfare State* et du système de sécurité sociale en Europe occidentale. Dans les sociétés anglo-saxonnes, des divergences autour du libéralisme classique portent surtout sur le degré interventionniste et les idées keynesiennes depuis la création du FMI. Cependant, depuis la Renaissance et la Réforme, un courant idéologique souterrain prépare une conception nouvelle de la vie sociale. Machiavel, dans le Prince, Hobbes (1588-1679) dans le Léviathan, chacun à sa manière, ont attaqué la perspective de saint Thomas d'Aquin selon laquelle l'homme était fait pour vivre dans une société de droit divin (rappelons que la Somme théologique tient que tout pouvoir est d'essence divine et que la société civile ne peut être que *théocratique*). Pour Hobbes et Machiavel, Dieu n'a rien à faire ni dans le lien social entre les hommes ni dans la société. L'homme est fondamentalement mauvais ; il faut le prendre comme tel (pragmatisme, dirait-on aujourd'hui) et donc bâtir une société où sa méchanceté est la donnée de base, par une répression visible et sans hypocrisie, et où le « prince », loin de chercher à opprimer ses sujets, règne en fonction de leur harmonie possible et pour leur bien.

On sait que la Révolution réalisera d'abord toute son œuvre révolutionnaire au nom de la liberté : et d'abord par le moyen de l'*égalité* politique pour accéder à la *liberté* politique, en supprimant les « ordres », les privilèges, puis en mettant l'accent sur la liberté et la propriété davantage que sur l'égalité dans la Déclaration des droits de l'homme et du citoyen. Cependant, elle ne rendra pas possibles toutes les libertés, notamment celles, pour les classes défavorisées, de s'organiser. Sur le plan intellectuel, il faut attendre la fin de la Révolution et du premier Empire pour que naisse le mot *libéralisme,* sous la plume de Maine de Biran qui le définit en 1818 comme une doctrine favorable au développement des libertés. Nous sommes donc avec la Révolution passés à un pluriel : *les libertés.* Il y a à cette époque partout en Europe une aspiration à la *liberté politique,* différente selon les pays, mais qui n'est jamais loin de la *liberté économique* : en Espagne, les *libéraux* veulent, dans la Constitution qu'ils rédigent à Cadix en 1812, tout en résistant à l'occupation française, lutter contre l'absolutisme de leur monarchie ; en Angleterre, en 1832, face au parti conservateur, le parti whig devient le *parti libéral,* préconisant le libre-échange en matière de commerce extérieur et la démocratie par le suffrage universel qui n'existait dans aucun pays d'Europe à cette époque-là. Dès le milieu du XIXème, l'aspiration à une certaine émancipation par rapport aux traditionalismes s'étend à tous les domaines : il y a par exemple des protestants libéraux, des catholiques libéraux (par exemple le *catholicisme libéral* de 1830), avec La Mennais, Lacordaire, est en lutte contre la tradition monarchique et gallicane du catholicisme de l'Église romaine – et l'histoire du catholicisme libéral va animer la vie des catholiques français jusqu'à l'encyclique de 1892, dans laquelle le pape accepte l'idée de république, mais sans toutefois condamner toute monarchie. Ainsi, le concept de *libéralisme* est hissé dans le premier tiers du XIXème siècle au rang de porte-drapeau pour tous les mouvements antipasséistes et anticonservateurs ; généreux, large, mobilisateur, il est devenu aussi un concept flou et un fourre-tout idéologique. Pour y voir clair, on est obligé de distinguer constamment, malgré leur histoire commune, les deux domaines où le libéralisme est revendiqué comme doctrine, le politique et l'économique ; mais il faut toujours partir de l'un pour aller à l'autre et en repartir pour retourner au premier. On admet aujourd'hui que le libéralisme politique se confond avec la démocratie : la disparition des démocraties populaires en Europe oblige à cette simplification, même si tous les régimes dits « démocratiques » ne sont pas – loin de là – des régimes libéraux. Le libéralisme politique est d'abord un système philosophique qui a pour base historique l'*individualisme social,* dont une application s'est retrouvée dans la loi Le Chapelier de 1791, qui abolit les corporations des métiers qui s'étaient créées sous l'Ancien Régime au nom de la *liberté individuelle,* et par opposition à l'*intérêt social* de la coalition d'intérêt économique que représentera le syndicalisme à la fin du XIXème siècle. Or l'individualisme a une longue histoire doctrinale. Le premier, John Locke, dans les *Deux Traités sur le gouvernement* (1690), avait opposé l'état de nature, où les individus se laissent aller à la violence, et le lien social, auquel les individus consentent *librement* à se livrer, cela dans leur intérêt, pour mieux s'opposer à l'arbitraire d'un monarque. Il est ainsi le premier à faire du libéralisme une doctrine de la représentation nationale des citoyens (avec la notion de majorité) et une doctrine de l'équilibre des pouvoirs (législatif, exécutif et judiciaire). Ainsi le principe de la liberté est fondé sur la notion de l'individu, dont toutes les institutions doivent viser à conserver l'intégrité. Locke est véritablement le premier penseur du *libéralisme politique.* Mais il faut bien comprendre que, dans cette perspective, l'individu est fonction de ce qu'il possède, ses biens matériels comme ses capacités personnelles, intellectuelles et morales. Il règle donc ses rapports avec autrui selon un mode d'échange de tout ce qu'il possède : c'est un rapport de « propriétaire avec d'autres propriétaires » qui constitue la base du rapport social.

Le libéralisme contemporain

L'économie libérale comme corps de doctrine se développe principalement à partir des penseurs anglais. Elle est fondée sur trois principes :

- La quantité de subsistances limite la quantité de population, selon T. R. Malthus.

- La quantité de capital limite l'extension de l'industrialisation (A. Smith).

- Tout produit engendre un revenu égal à sa valeur suscitant une demande équivalente, selon Jean-Baptiste Say.

Les idées libérales se répandent en France, en Angleterre, par des livres, comme ceux de J.-B. Say, de Frédéric Bastiat, qui combat le socialisme et l'interventionnisme de l'État et recommande la libre-concurrence, et également par des revues, dont *le Journal des économistes* (publié à Paris de 1871 à 1890). Ce dernier préconise l'individualisme extrême et critique la charité publique. Les principes du libéralisme économique qui ont accompagné la naissance et le développement du capitalisme peuvent être ainsi résumés : primauté de l'intérêt personnel. Libre concurrence à l'intérieur d'un ensemble où les compétiteurs se reconnaissent entre eux (si donc quelqu'un d'étranger vient fausser le jeu, il faut l'en empêcher, – l'histoire fourmille de tels exemples [le Zollverein, les lois de Jules Méline, l'auteur du protectionnisme et du double tarif de 1892, le *mélinisme*] ; c'est le seul domaine où l'intervention de l'État est justifiée pour les libéraux de cette époque). Lliberté d'entreprendre et d'embaucher. Du respect de ces trois principes, les théoriciens pensent que résultera automatiquement un équilibre entre les forces en présence. Or précisément la réalité ne répond plus à cette attente, depuis que l'industrialisation a jeté les paysans pauvres dans les villes proches des mines de fer et de charbon et que le capitalisme se répand dans le monde entier, notamment avec l'essor du colonialisme.

Vers les années 1850 naît en Europe le mouvement socialiste, qui, pendant un siècle et demi, va tenter de constituer une force puissante contre la théorie et la pratique du capitalisme. Or les socialistes sont pour la plupart favorables au collectivisme, l'abandon de la propriété privée des moyens de production et d'échange au profit d'un État constitué et dirigé par les anciennes classes exploitées, ouvriers et paysans. Les méthodes pour y arriver diffèrent selon les doctrines socialistes. Si on laisse de côté les révolutionnaires radicaux, partisans de la révolution, les autres cherchent à modifier les pratiques en entrant dans le jeu politique. La bataille à l'intérieur des régimes existants commence par la volonté de réaliser des modifications politiques à l'intérieur des régimes démocratiques nés au XIXème siècle. Les socialistes élus dans les instances politiques françaises et allemandes, vont avoir pour objectif commun la volonté de faire intervenir l'État dans les rapports entre les possédants et les salariés ; certains points sont obtenus (limitation du travail des enfants, début de la protection sociale des veuves dont les maris sont victimes des accidents du travail, etc.).

Parallèlement, les théoriciens du libéralisme sont obligés de constater que les faits sociologiques résistent à leur analyse. D'abord, ils ont bien observé qu'il existe une certaine instabilité au sein des élites possédantes. Les revenus des individus ne restent pas forcément dans les mains de leurs héritiers familiaux, ce que constate l'économiste Vilfredo Pareto, dans son *Manuel d'économie politique* (1906). Ensuite, ils observent aussi que le régime économique connaît des crises profondes et des soubresauts : certains pressentent que ces crises sont cycliques (la théorie viendra plus tard, par exemple avec François Simiand). Enfin, avec les grèves souvent violentes, le début des « coalitions ouvrières » (renforcées par les Internationales), les mouvements sociaux en France, en Belgique antérieurs à 1914, avec la poussée électorale des socialistes en Belgique, en France, en Allemagne, en Italie, les théoriciens hostiles à l'État, partisans du « laisser-faire, laissez-passer », sont contraints de modifier leurs vues. D'ailleurs, les politiques entament quelques lois sociales en France (Bourse du travail), en Allemagne avec Bismarck.

Ainsi, au premier tiers du XXème siècle, alors qu'un fait politique et culturel majeur vient de se produire (la fondation de l'URSS), la théorie libérale semble battue en brèche par une multitude hétéroclite de faits concrets obligeant les théoriciens libéraux à des révisions déchirantes et les hommes politiques libéraux à des aménagements pratiques dans les législations.

Les partisans du libéralisme reviennent désormais sur le rôle de l'État. Ils commencent à définir, au début des années 1930, un nouveau type de libéralisme, qui admet son intervention ; on parlera alors de « néolibéralisme ». Ainsi, à l'époque, John Maynard Keynes est considéré comme un néolibéral : il défend l'intervention de l'État pour sauver le système économique existant, et ce contre le communisme. Il affirme que, dans le système libéral, ce n'est pas la demande qui s'ajuste à l'emploi, mais c'est le niveau de l'emploi qui est impitoyablement ajusté à l'état de la demande. Or l'état de la demande dépend du revenu de la masse des consommateurs, forcément toujours plus grande pour que vive le système capitaliste. Il n'est dès lors pas hostile à l'intervention de l'État et dénonce la doctrine classique du « laisser-faire ».

Mais le terme « néolibéralisme » va très vite évoluer vers une acception plus commune aujourd'hui, où l'intervention de l'État dans le fonctionnement de l'économie est, au contraire, de plus en plus critiquée. Peu avant la Seconde Guerre mondiale, se définissent comme « néolibéraux » des économistes estiment que l'État a surtout pour rôle d'assurer la plus grande liberté des agents économiques, et qu'il doit avant tout veiller au bon fonctionnement des marchés, en assurant le maintien d'une situation de concurrence (lutte contre les monopoles). En 1938, un colloque regroupe autour de W. Lippmann des économistes connus comme Friedrich von Hayek, Ludwig von Mises, Jacques Rueff. Ils remarquent que la non-intervention de l'État n'a pas empêché la formation de monopoles : au contraire, le principe de la libre concurrence n'a été qu'une règle conservatrice favorisant la création et le renforcement des monopoles, la domination des économies par la banque, entraînant dans de nombreux secteurs importants la mort de la concurrence réelle.

Après la Seconde Guerre mondiale, un groupe a été fondé en Suisse, la *Mont-Pelerin Society,* qui s'efforce de définir un cap nouveau, tout en défendant « la croyance dans les mérites de la propriété privée et de la loi du marché ». Fondamentalement hostiles à l'évolution vers le collectivisme, ces économistes ont posé trois principes de ce qui a été appelé depuis le « néolibéralisme » :

- Priorité donnée à la recherche de l'intérêt personnel, dans un cadre légal déterminé, sous la responsabilité sanctionnée par le risque du producteur et du consommateur.

- Croyance au caractère non nocif de l'inégalité des hommes, de leurs conditions sociales, économiques et culturelles, en ceci que ces inégalités développent le goût du risque, le dynamisme, l'initiative personnelle.

- Enfin – grande originalité dans le cadre du « libéralisme » – intervention de l'État.

Cette intervention a pour objet de créer le cadre légal qui permettra le fonctionnement du libre marché sans entraver le mécanisme des prix. Elle se borne à amortir les déséquilibres trop criants. Le néolibéralisme va devenir la panacée de la pensée de la droite traditionnelle mais aussi celle de la gauche, respectueuse des institutions dans lesquelles elle est régulièrement élue dans les systèmes à alternance. On le voit aujourd'hui, où tous les gouvernements européens sont fortement incités à mettre en œuvre des réformes économiques d'inspiration libérale :

- Baisse de la dépense publique, afin de permettre une diminution des prélèvements obligatoires.

- Libéralisation du marché du travail, via l'effacement de certaines règles protectrices des salariés.

- Libéralisation du marché des services, en élargissant l'accès à certaines professions réglementées.

Evènements probables

La démographie humaine galopante, longtemps écartée du débat car tabou, est maintenant clairement énoncée dans les alertes scientifiques sur l'urgence environnementale. Les données disponibles permettent donc d'anticiper avec une relative pertinence des devenirs probables qui se profilent. D'une part on doit distinguer les régimes et les contextes. Il apparait clairement que les différentes régions du monde vont devoir développer de stratégies distinctes. Les paramètres à prendre en compte sont :

- La densité des populations.

- Les régimes politiques.

- Les capacités adaptatives.

L'incidence des densités impose des pressions distinctes. Les perspectives actuelles donnent :

- Des espaces de forte densité : Afrique, Asie, Océanie.

- Des espaces de densité moyenne : Moyen orient.

- Des zones de faible densité : Amériques, Europe.

Les régimes politiques :

- Autoritaires : Asie, Europe de l'Est, Russie.

- Tribaux : Afrique, Moyen orient.

- Libéraux : Etats unis, Europe.

Les capacités adaptatives : Seules ces données restent a priori plus difficiles à évaluer. Sachant que on peut estimer a priori que :

- Les régimes autoritaires sont généralement militarisés.

- Les tribaux également mais de manière plus empirique.

- Les libéraux sont plus formalistes.

Il est pratiquement impossible de ne pas voir qu'un tel contexte imposera des conflits inévitables. Actuellement on ne peut observer que des tendances, elles sont édifiantes.

Perspectives

Introduction

Les conflits entre États sont devenus une exception, notamment grâce aux institutions internationales comme l'ONU, capables d'élaborer un corpus juridique qui dissuade les États de se livrer à des affrontements militaires coûteux sur les plans humain, matériel et politique. Pour autant, la violence guerrière n'a pas disparu ; elle s'est disséminée. Depuis la seconde guerre mondiale, les guerres se sont déplacées vers le Sud, avec ou sans intervention des grandes puissances. Au contraire, le Nord, où se situait l'épicentre des conflits les plus meurtriers (13 millions de morts durant la première guerre mondiale, 60 millions durant la seconde), est dorénavant pacifié, même si les groupes terroristes (locaux ou internationaux) peuvent encore les frapper.

Plus meurtriers et durables, les conflits contemporains sont plus complexes à déchiffrer : la puissance n'est plus le facteur explicatif dominant. La diversité des causes, des acteurs et de l'intensité de la violence rend l'exercice de typologie et de comptabilisation des guerres hasardeux. Le Mexique, où les combats entre les narcotrafiquants et l'armée ont fait plus de 200 000 morts en dix ans, est-il « en guerre » ? Combien de conflits doit-on recenser en Afghanistan depuis les années 1970 ? Une seule et même guerre durant toute la période ou plusieurs successives en fonction des interventions extérieures (URSS, OTAN, etc.) ?

Conflits armés au cours de l'année 2017

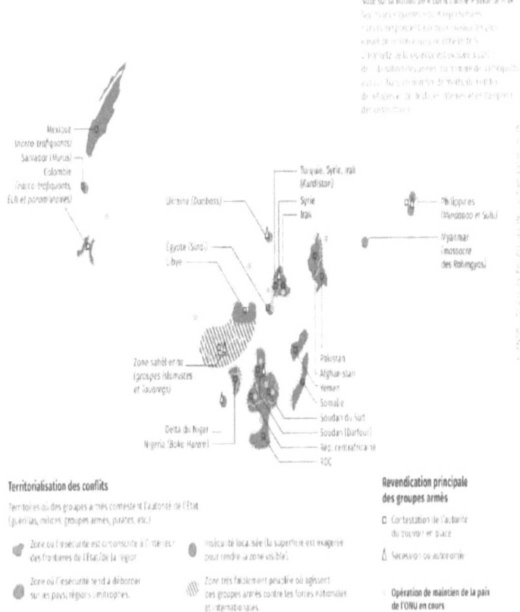

Heidelberg Institute for International Conflict Research (HIIK), *Conflict Baromètre 2017*

Cette carte s'appuie sur le rapport du HIIK. Ce think tank calcule un indice synthétique de conflictualité qui considère l'intensité (armes utilisées, nombre de combattants, de morts, de réfugiés/déplacés et destructions occasionnées). La carte montre le type de « spatialité » du conflit (zone délimitée, qui déborde les frontières, localisée ou diffuse) et les revendications des groupes armés (contestation du pouvoir en place ou sécession). Sur les bases de cette typologie, les principaux foyers de conflits sont, en 2017 : la Syrie et l'Irak, l'Afghanistan et le Pakistan, la bande centrale de l'Afrique (du Darfour à la RDC, en passant par la République centrafricaine et le Soudan du Sud), la Libye, le Yémen ou encore la Colombie et le Mexique ; d'autres foyers étant plus localisés (Donbass, delta du Niger, Myanmar, Philippines, Salvador, etc.).

Désintégration du contrat social

La distinction classique entre guerres interétatiques et guerres civiles est devenue inopérante. Celles autrefois qualifiées de civiles perdurent de manière larvée pendant des années, voire des décennies, avant de s'internationaliser (Afghanistan, RDC, Centrafrique, Libye, Syrie, Ukraine, etc.). Caractérisées par la présence d'acteurs guerriers non étatiques et par le non-respect des règles supposément en vigueur dans des conflits entre États, ces guerres affectent principalement des États où les structures institutionnelles ont perdu leur légitimité car ils ne parviennent plus à assurer un contrôle administratif et sécuritaire effectif du territoire ni à y exercer le monopole de la violence légitime. La désintégration du contrat social y engendre des crises sociales aiguës, le plus souvent dans des contextes où entrent en concurrence des systèmes d'allégeance traditionnels (identité nationale) et alternatifs (régionaux, ethniques, religieux, etc.), généralement promus par des entrepreneurs identitaires, et dans lesquels la nature patrimoniale du pouvoir renforce les tendances autoritaires et répressives des régimes en place.

De tels conflits frappent d'abord les populations civiles, enrôlées de force, victimes de famines organisées, de massacres, d'exactions sexuelles, de déplacements forcés, etc. L'instrumentalisation des différences ethniques, religieuses ou sociales par les seigneurs de guerre brouille la perception des causes et la distinction entre civils et militaires. Dans certains cas, la violence se dépolitise jusqu'à se confondre avec le banditisme, permettant aux trafiquants de tous ordres (armes, drogue, diamants, bois précieux, etc.), invisibles mais très présents, de prospérer. L'utilisation d' armes légères (kalachnikov, lance-roquettes et mitrailleuses montés sur pickups, machettes, etc.) rend inefficaces les instruments classiques de régulation (embargo sur les armes, etc.). Forces gouvernementales plus ou moins organisées, groupes rebelles parfois constitués sur une base ethnique ou religieuse ou autour d'intérêts économiques, mercenaires étrangers, combattants venus de pays voisins, djihadistes transnationaux, forces d'intervention multilatérales et acteurs humanitaires s'entrecroisent sur le terrain.

Violence pérenne

La part des pertes civiles dans les conflits ne cesse de croître : 5 % des victimes lors de la première guerre mondiale, 50 % en 1940-1945, et dorénavant jusqu'à 90 % dans la plupart des cas. Aussi ces conflits entraînent-ils des flux massifs de déplacés et de réfugiés. L'embrigadement d'enfants soldats (environ 250 000 dans le monde, dont 40 % de filles), victimes et acteurs malgré eux de la guerre, se développe.

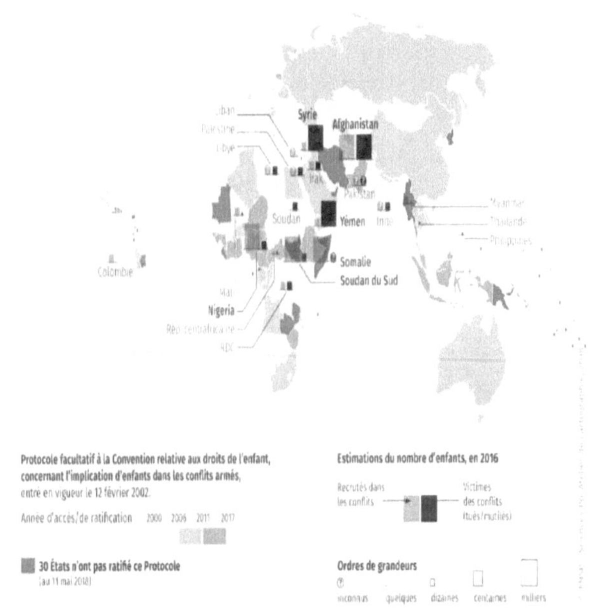

Enfants impliqués dans les conflits, 2016

Sources : Nations unies, *Le Sort des enfants en temps de conflit armé (Child Soldiers International)*. Rapport du Secrétaire général, A/72/361–S/2017/821, Collection des traités, chapitre IV (Droits de l'homme)

Les données sur les enfants dans les conflits sont rares et parcellaires. D'une part, cette carte montre l'engagement des États à ratifier le Protocole facultatif à la Convention sur les droits de l'enfant. En 2018, trente États ne l'ont toujours pas ratifié, dont l'Iran, le Liban, le Myanmar, les Émirats arabes unis, la Corée du Nord, la Somalie ou le Soudan du Sud. D'autre part, la carte indique quelques ordres de grandeur des enfants recrutés et victimes (blessés et tués) des conflits en 2016. Ces estimations sont produites par le Secrétariat de l'ONU et l'ONG Child Soldiers. La mise en regard des deux informations montre que la ratification du Protocole, même ancienne, n'empêche pas l'implication d'enfants dans les conflits (Afghanistan, Syrie, RDC, Yémen, Nigeria). Dans des espaces ruinés et désinstitutionnalisés, où la violence généralisée a mis à mal les systèmes de référence et le contrat social, la guerre devient une opportunité économique et d'ascension sociale, et faire la paix se révèle une tâche ardue.

Prisonnière de ses outils traditionnels (embargos, interventions, etc.), inadaptés à la nature même des conflits contemporains, la communauté internationale semble impuissante. Conçu à l'origine pour encadrer l'action militaire des États, le droit international peine à réaliser cet objectif et s'applique mal aux groupes armés non étatiques, même si, depuis 2002, la Cour pénale internationale (CPI) permet de s'en prendre aux chefs de guerre. Malgré les dizaines de procès et d'enquêtes depuis sa création (y compris à l'encontre de chefs d'État en exercice), les effets dissuasifs ou pacificateurs de ces procédures restent lents à se concrétiser.

Aujourd'hui, un conflit commence rarement par une déclaration de guerre, et s'achève rarement par un traité qui met fin aux violences du jour au lendemain. Faire la paix est une entreprise de longue haleine, car cela impose de retisser du lien social et de reconstruire l'État, c'est-à-dire de refonder des institutions publiques et de réinventer une capacité à vivre ensemble.

Situation de la France

Constat et perspectives

Avant même l'arrêt de la pandémie du Covid-19, dans une phase de démarrage du chômage de masse et pour ne pas risquer un blocage mortel, comment remettre la machine économique en marche ? La crise sanitaire a mis en évidence la fragilité de l'économie française et sa dépendance à l'égard de pays producteurs de biens ou de produits intermédiaires cruciaux. Il convient désormais d'identifier des secteurs stratégiques, essentiels pour nous protéger des effets dangereux des crises futures, et éviter des chocs profonds, susceptibles de déstabiliser notre économie, mais aussi toute la société. Certains prétendent que ces secteurs devraient tenir compte avant toute chose des impacts environnementaux. Mais cette position est-elle tenable dans un contexte de recul des produits intérieurs bruts (PIB), de montée du chômage, de risque d'explosions sociales, d'accroissement de la pauvreté, de la misère et de l'exclusion ? Quels pourraient être les secteurs stratégiques, ceux qui, si nous faisons l'effort nécessaire, nous permettront de ne pas être démunis face à une nouvelle pandémie ou à un évènement encore plus grave ? Les commissions mises en place au cours des années ont peiné à les définir, mais la crise redessine les contours et les urgences. Pourtant il est possible, avec une dose de volontarisme, d'identifier trois catégories de secteurs stratégiques. Les secteurs vitaux : Ce sont les activités essentielles à la satisfaction des besoins vitaux de la population. Des moyens supplémentaires doivent être mis en place pour les protéger et les développer. Elles sont au nombre de deux seulement, la santé et l'alimentation. Leur relocalisation nous protégera, tout autant qu'elle limitera les longs trajets polluants et consommateurs d'énergies fossiles. La crise du coronavirus a prouvé tout l'intérêt du secteur de la santé. La non-disponibilité de masques, de gel hydroalcoolique, de respirateurs, ou de tests, mais plus encore l'impossibilité d'en produire rapidement, font l'objet de toutes les critiques et de toutes les inquiétudes.

La pénurie de médicaments fait aussi courir un grand danger, la plupart des molécules étant fabriquées en Chine ou en Inde, des antibiotiques aux médicaments les plus banals comme le paracétamol. Il apparaît donc essentiel de relocaliser une partie de ces productions sur le territoire national pour un accès direct et permanent et préserver ainsi la possibilité d'augmentation rapide des capacités de production.

L'autre activité vitale est l'alimentation, et donc les industries et activités agricoles assurant sa fabrication et sa livraison. Il s'agit de nourrir la population française et d'éviter les famines et restrictions alimentaires qui commencent déjà en Inde ou, plus près de nous, au Portugal. Une grande partie des produits consommés par les ménages français ont suivi des chaînes de valeurs internationales qui sillonnent de nombreux pays. Au vu des risques de coupure des transports, reterritorialiser une partie des productions agricoles permettrait de préserver la souveraineté alimentaire de la nation. Sans exclure un commerce avec les autres pays, en particulier européens, il apparaît nécessaire de construire et de favoriser les systèmes agricoles, circuits courts, usines de transformation et de conditionnement ou les chaînes logistiques pour nourrir la population. Les secteurs entraînants : Le deuxième groupe d'activités stratégiques concerne les industries possédant un contenu en emploi conséquent ou qui entraînent des emplois indirects ou induits, par leurs activités de sous-traitance ou leurs achats. Le premier secteur est évidemment le tourisme, qui génère plus de trois millions d'emplois directs ou liés, en particulier à la suite de la désindustrialisation massive et aux délocalisations de l'économie française. Cette activité, à la base d'un projet économique mais aussi d'aménagement du territoire, est très fortement menacée en raison des restrictions de déplacements des personnes, qui vont entraîner une diminution des emplois, des licenciements massifs, ainsi que la mise à pied de millions de travailleurs saisonniers. N'oublions pas qu'elle est également terriblement exigeante en termes de pollution des airs ou des mers, ainsi qu'en matière de consommation énergétique.

Au-delà, nous avons l'opportunité de renouer avec une véritable politique industrielle, de définir et protéger des industries essentielles au maintien et au développement d'une activité économique qui ne repose pas sur les seuls services. Les tableaux d'entrées-sorties de l'Insee, qui analysent chacun des secteurs en fonction de l'origine et de la destination de sa production, nous permettent d'identifier les activités qui génèrent le plus de productions et d'emplois induits et exercent des effets d'entraînement sur l'ensemble de la structure productive nationale, comme cela a été fait récemment pour le Brésil par exemple. On cite souvent le secteur du bâtiment et des travaux publics (BTP), qui demande la mise en œuvre de nombreuses industries liées, en amont comme en aval, « quand le bâtiment va tout va ». La production automobile, la chimie, l'industrie alimentaire, constituent également des candidats sérieux, et pourraient contribuer à une réindustrialisation graduelle de l'espace économique national. Une mission d'étude devrait permettre de repérer les secteurs entraînants et de les aider par une politique volontariste de l'État. Elle aurait deux intérêts : pérenniser les emplois ou les développer, et diminuer notre dépendance toxique au tout tourisme ou au tout service. Le maintien de la cohérence territoriale. Enfin, un autre objectif reste de ne pas creuser les inégalités entre territoires, en favorisant Paris au profit du « désert » français, ou les métropoles par rapport aux campagnes, et donc d'introduire une dimension locale, afin d'éviter un trop fort déséquilibre régional et des concentrations trop massives d'activités portant atteinte à l'environnement. La spécialisation intelligente de l'Union européenne, qui identifie des domaines d'activités compétitives, nous montre la voie. À chaque région de faire un choix d'activités où elle excelle ou se montre compétitive, des technologies de pointe comme les microprocesseurs aux productions traditionnelles comme la viticulture, en passant par la production automobile. C'est un réseau d'activités complémentaires qui doit être promu, afin d'éviter de créer des cathédrales dans le désert, coupées de leur environnement local. Les aides se répercuteront sur la structure régionale, en bénéficiant aux activités et industries liées locales.

La Normandie vient ainsi de décider de renforcer son industrie pharmaceutique, pour des raisons stratégiques et pour favoriser la croissance du tissu local d'entreprises.

L'Île-de-France de son côté souhaite redonner une importance à son activité de production agricole dans le but de nourrir une partie de sa population et de limiter l'étalement urbain incontrôlé. Seul le retour d'une vraie politique industrielle et d'aménagement du territoire, avec des objectifs clairs, permettra donc de remettre en marche la machine de production de biens et de produits manufacturés. C'est également un levier qui nous protégera de manière efficace des atteintes sociales et économiques les plus violentes des futures crises et pandémies, tout en maintenant une balance environnementale satisfaisante à défaut d'être idéale. Cela suppose du volontarisme, une vision claire et l'identification de cibles concrètes. Tout le contraire de l'argent hélicoptère ou des milliards accordés sans contrepartie certaine à de grandes sociétés dans des secteurs en perdition ou premiers pollueurs.

Options politiques

Le président actuel Emmanuel Macron, né le 21 décembre 1977, est sorti de l'École nationale d'administration en 2004, il devient inspecteur des finances. En 2007, il est nommé rapporteur adjoint de la commission pour la libération de la croissance française (« commission Attali »). L'année suivante, il rejoint la banque d'affaires Rothschild & Cie, dont il devient associé-gérant en 2010. Proche du Mouvement des citoyens puis membre du Parti socialiste de 2006 à 2009, il participe à la campagne électorale de François Hollande pour l'élection présidentielle de 2012, qui le nomme après sa victoire secrétaire général adjoint de son cabinet. Alors encore inconnu du grand public, mais réputé pour sa ligne sociale-libérale, Emmanuel Macron est nommé en 2014 ministre de l'Économie, de l'Industrie et du Numérique ; en 2015, il fait adopter une loi pour la croissance, l'activité et l'égalité des chances économiques, dite « loi Macron ». Sa notoriété s'accroît alors qu'il prend progressivement ses distances avec François Hollande. En 2016, il fonde et prend la présidence de son propre mouvement politique, baptisé « En marche », et démissionne du deuxième gouvernement Manuel Valls. Il adopte un positionnement hostile au clivage gauche-droite et se présente à l'élection présidentielle de 2017. Il l'emporte au second tour, bénéficiant d'un « front républicain » face à la candidate du Front national (FN), Marine Le Pen, avec 66,1 % des suffrages exprimés. À 39 ans, il devient le plus jeune président français et le plus jeune dirigeant du G20 du moment. Son premier mandat est marqué par une réforme du code du travail, une loi de réforme de la SNCF, l'affaire Benalla, le mouvement des Gilets jaunes et le grand débat national qui s'ensuit, ainsi que par un premier projet contesté de réforme des retraites, la mise en place d'une convention citoyenne pour le climat, la pandémie de Covid-19 puis en février 2022, la crise provoquée par l'invasion de l'Ukraine par la Russie, alors que la France vient de prendre la présidence tournante du Conseil de l'Union européenne.

Candidat à sa réélection lors de l'élection présidentielle de 2022, il est qualifié pour le second tour où il affronte une nouvelle fois Marine Le Pen, candidate du Rassemblement national. Grâce à un « front républicain » toutefois plus faible, il sort vainqueur de l'élection le 24 avril avec 58,55 % des suffrages exprimés. Son second mandat commence par l'obtention d'une majorité relative aux élections législatives, une crise énergétique mondiale et un deuxième projet de réforme des retraites à nouveau fortement contesté. À quatre mois du premier scrutin de l'élection présidentielle de 2022, les candidats des principaux partis sont déjà en campagne et le président de la République lui-même, non officiellement candidat, multiplie les interventions publiques pour mettre en valeur son bilan et souligner la nécessité de poursuivre son action, comme ce fut notamment le cas dans l'entretien télévisé du 15 décembre 2020. Pourtant, la situation politique reste beaucoup plus confuse qu'elle ne pouvait l'être au même moment lors des scrutins antérieurs. L'élection de 2017 avait été atypique, en permettant la victoire d'un candidat qui n'était issu d'aucun des grands partis qui s'étaient partagé le pouvoir depuis les années 1960. Le scrutin qui s'annonce alors s'inscrit également dans un contexte politique original, marqué par l'éclatement de l'offre politique, la persistance d'une crise politique structurelle et les incertitudes liées à la crise sanitaire. Cette élection de 2017 a marqué une rupture majeure dans l'histoire électorale de la Ve République, façonnée jusqu'alors par le clivage gauche-droite. Pour la troisième fois seulement, sur dix scrutins de ce type, le second tour n'a pas mis aux prises un candidat de la droite gouvernementale et un représentant de la gauche socialiste : Mais surtout les deux grands partis de gouvernement, le Parti socialiste (PS) et l'Union pour un mouvement populaire (UMP), se sont alors retrouvés marginalisés en raison de l'éclatement d'une offre politique où les propositions nouvelles (Emmanuel Macron) ou les discours protestataires (Marine Le Pen et Jean-Luc Mélenchon) ont été plus attractifs. Cet éclatement explique que, pour la première fois depuis 2002, aucun des deux candidats présents au premier tour n'a dépassé 25 % des voix. Or, cet affaiblissement des grands partis qui structuraient la vie politique française depuis les années 1980 a favorisé, lors des élections législatives qui ont suivi, la victoire d'une majorité nouvelle, constituée autour du nouveau président Emmanuel

Macron. Certains observateurs pouvaient alors penser que le paysage politique se réorganiserait autour de cette majorité « et de droite et de gauche ». Cinq ans plus tard, on ne peut que constater qu'il n'en est rien et que l'offre politique proposée aux électeurs s'est encore davantage fragmentée. Au cours de son mandat, le président n'a pas réussi à élargir son socle électoral, qui se situe toujours entre 20 et 25 % des voix : aux élections européennes de juin 2019, la liste qui se réclamait de son action a obtenu 22,5 % ; et en décembre 2021, les instituts de sondage lui attribuent en moyenne 24 % d'intentions de vote. Il a donc simplement consolidé son électorat, en le positionnant davantage au centre-droit, ce qui libère potentiellement un espace à gauche que personne n'est aujourd'hui en mesure de prendre. La gauche n'a en effet pas réussi à dépasser les divisions qui séparent ses organisations partisanes. Même la gauche contestataire, qui s'était réunie autour de Jean-Luc Mélenchon en 2012 et 2017, présente aujourd'hui deux candidats, l'un issu de la France insoumise, l'autre du Parti communiste. Et si la droite de gouvernement réussit à présenter une candidature unique (avec Valérie Pécresse), comme cela a été le cas au cours des trois précédents scrutins (avec Nicolas Sarkozy et François Fillon), l'extrême droite est, pour la première fois depuis 2002 (avec la candidature de Brunot Mégret), représentée par deux candidats, Marine Le Pen et Eric Zemmour. Comme en 2017 ou en 2022 cette dispersion des candidatures rend plus incertain le résultat du scrutin, puisque le seuil d'accès au second tour est réduit. Si le président sortant est seul à occuper l'espace politique qu'il revendique, au centre, sa position est plus inconfortable que celle de ses prédécesseurs qui briguaient une réélection (Nicolas Sarkozy en 2012, Jacques Chirac en 2002, François Mitterrand en 1988 ou même Valéry Giscard d'Estaing en 1981) dans la mesure où il doit subir les attaques des forces politiques gouvernementales de gauche comme de droite. Cet éclatement de l'offre politique est un des symptômes d'un mal plus profond qui ronge la démocratie française depuis les années 1980 : la crise de la représentation politique. Les Français se sont peu à peu éloignés de la vie politique telle qu'elle était organisée depuis le XIXe siècle, autour des partis de masse et des élections au suffrage universel. Les militants se font plus rares, les électeurs aussi. Analysée dans un rapport remis en novembre 2021 au président de l'Assemblée nationale par la Fondation pour l'innovation politique, l'abstention progresse à chaque scrutin, même si elle affecte moins les élections présidentielles (en 1981, elle était de 19 % au premier tour ; en 2017, elle s'élevait à 21 %) que les municipales (21 % en 1983, 36 % en 2014) ou, pire encore, les législatives (29 % en 1981, 51 % en 2017). Plusieurs facteurs expliquent cette crise : la déception de l'opinion face à l'échec des alternances qui se sont succédé depuis 1981 ; les « affaires » qui ont affecté l'image des hommes politiques, suspectés au mieux de ne pas tenir leurs promesses, au pire d'être corrompus ; et l'avènement d'une société individualiste, qui préfère aux mobilisations collectives les engagements individuels et ponctuels. L'élection d'Emmanuel Macron en 2017 était une conséquence de cette crise de la représentation politique traditionnelle. C'est bien parce qu'il apparaissait comme un candidat nouveau, étranger au « système » – notamment à celui des partis – et chantre de la « disruption » qu'il a supplanté les tenants de ce qu'on a alors significativement appelé « l'ancien monde ». Mais son incapacité à restructurer durablement l'offre politique, le discours et les pratiques politiques ont renforcé encore davantage ce sentiment de crise. Le fossé se creuse sans cesse davantage entre le peuple et des élites jugées arrogantes et coupées des réalités du Français. Et Emmanuel Macron est justement considéré comme l'archétype de cette élite. Comme leurs prédécesseurs, le Président et les membres du gouvernement ont été confrontés à une impopularité durable ; une fois passés les premières semaines de leur mandat, ils ne recueillent que très rarement plus de 40 % d'opinions favorables. Le mécontentement qui parcourt la société française s'est également traduit par une succession de mouvements sociaux, qui expriment à la fois le rejet des médiations politiques traditionnelles, l'exaspération face à des décisions politiques jugées déconnectées des attentes des Français anonymes et parfois même la tentation du recours à la violence. En 2016, François Hollande avait dû faire face au mouvement « Nuit debout » et, plus largement, à une mobilisation de rue contre la « loi Travail ». En novembre-décembre 2018, son successeur a été confronté à un mouvement d'une toute autre ampleur, celui des « gilets jaunes », qui a révélé la fracture entre le pouvoir politique et la « France des ronds-points », celle des territoires périurbains hantés par le déclassement. Cette contestation l'a poussé à renouer un contact direct avec les Français et à susciter une nouvelle forme de participation citoyenne, par l'organisation d'un « grand débat national » au premier semestre 2019. Mais cette tentative n'a pas eu de réel débouché politique et est restée sans lendemain.

L'irruption d'une crise sanitaire sans précédent n'a pas enrayé cette crise du politique, même si, sur le long terme, elle a contribué à renforcer la légitimité de l'exécutif. À l'automne 2021, les mouvements d'opposition au passe-sanitaire ont emprunté aux Gilets Jaunes une partie de leur discours et de leur mode de mobilisation. Les scrutins qui se sont déroulés au cours de cette période particulière ont été sanctionnés par une abstention sans précédent : plus de 55 % pour les élections municipales de mars-juin 2020, plus de 66 % pour les élections régionales et départementales de juin 2021. Le niveau de l'abstention est d'ailleurs l'une des clefs de la prochaine élection présidentielle, qui se déroulera dans ce même contexte de crise sanitaire, au cours duquel il est plus difficile de mobiliser directement les militants et les électeurs. Le renforcement des tensions qui parcourent la société française est ainsi l'un des éléments essentiels du contexte de l'élection présidentielle de 2022. Cette crise se traduit, au cours de ces premiers mois de campagne, aussi bien par la multiplication des candidatures qui entendent refuser le « système » (Eric Zemmour, Arnaud Montebourg) que par l'omniprésence des thématiques identitaires dans le débat public.

Mais le renouvellement des idées et des pratiques, qui conditionne la réconciliation d'une majorité de Français avec la politique, reste à ce jour invisible. L'annonce faite par Emmanuel Macron le 8 avril 2021 de supprimer l'École nationale d'administration (ENA) a suscité un très vif débat sur la question de la formation des élites de l'État en France mais également sur l'opportunité d'une telle réforme que l'on croyait enterrée depuis les premières annonces du plan de réforme que le président avait présenté en avril 2020. On peut faire plusieurs lectures de cette réforme.

Une première lecture est assez technique. Elle porte sur les conditions de sa mise en œuvre, qui restent bien floues sur des points essentiels comme la nature des nouveaux concours qui devraient permettre d'intégrer le nouvel Institut du service public ou bien encore le mode de recrutement des grands corps de l'État que la réforme ne fait pas disparaître. Il est vrai que cette dimension apparemment technique recouvre des enjeux sociétaux importants comme la hiérarchie des élites au sein de l'État et leur mode de sélection. Une seconde lecture est plus sociopolitique : dans le contexte de la crise sanitaire, il était bien commode de désigner les hauts fonctionnaires et donc l'ENA comme la source de tous les maux, de l'impréparation du pays et de la piètre gestion gouvernementale des mesures de protection ou de la politique vaccinale. Cette lecture renvoie au conflit souterrain qui existe depuis longtemps mais s'est exacerbé depuis 2017 entre le pouvoir politique et le pouvoir administratif au sommet de l'État, comme l'ont illustré l'affaire Benalla ou la gestion du conflit des Gilets jaunes ou bien les propos récents tenus par l'ancien Premier ministre, Édouard Philippe, sur la politique de la réforme qui la place dans la perspective de l'élection présidentielle de 2022. L'une des grandes promesses d'Emmanuel Macron avait été en 2017 de relancer la mobilité sociale, d'ouvrir les carrières à tous et à toutes, de supprimer les barrières corporatistes et sociales qui bloquent en France la diversification des élites. L'idée de relancer l'ascenseur social reste au cœur du macronisme des origines. Cet enjeu s'est avéré décisif pour la présidentielle de 2022 car Emmanuel Macron a justifié son dépassement et de la droite et de la gauche par une posture d'efficacité gestionnaire. Or, la pente sera dure à remonter. D'après les analyses, seule une faible minorité de Français considère que leur système social est méritocratique. En effet, la vague 12 (février 2021) du Baromètre de la confiance politique du Cevipof, menée en comparaison avec l'Allemagne, l'Italie et le Royaume-Uni, montre que la proportion d'enquêtés français pensant que la méritocratie et que l'égalité des chances constituent des réalités est faible. Par exemple, 26 % seulement considèrent que « dans la société, les règles du jeu sont les mêmes pour tous » et ce niveau moyen ne dépasse pas les 28 % chez l'ensemble des fonctionnaires interrogés ou 20 % chez les enseignants, qui représentent pourtant la part des salariés les plus sensibilisés au sujet. Cette promesse républicaine, non pas d'égalité des résultats mais d'égalité en droit, ne semble pas mieux remplie en France qu'en Italie où le total des réponses positives est également de 26 % mais bien moins qu'en Allemagne (43 %) ou qu'au Royaume-Uni (42 %).

La question qui se pose en France est double. D'une part, la remise en cause de la méritocratie est générale et touche presque autant les membres des catégories socioprofessionnelles modestes que les membres des catégories supérieures. Par exemple, dans le détail, 25 % des ouvriers, 26 % des employés et 33 % des cadres ou membres des professions libérales sont tout à fait d'accord ou plutôt d'accord avec l'idée selon laquelle les règles du jeu social sont les mêmes pour tous. La France est le seul pays des quatre qui sont étudiés où le fait d'avoir une situation supérieure n'entraîne pas une adhésion sensiblement plus importante à l'idée que les règles sociales sont équitables. Pour l'économiste Daniel Cohen, le système français est un reproducteur d'inégalités. De la même façon, le fait d'avoir profité d'une mobilité sociale supérieure, c'est-à-dire d'estimer occuper une position sociale supérieure à celle de ses parents au même âge, joue sans doute sur la représentation de l'équité mais dans des marges relativement étroites. C'est ainsi que 15 % des enquêtés estimant avoir une situation sociale inférieure à celle de leurs parents pensent que les règles sociales sont les mêmes pour tous contre 29 % chez ceux qui estiment que cette situation est similaire et 33 % chez ceux qui estiment qu'elle est supérieure. D'autre part, cette faible proportion d'enquêtés estimant que l'équité sociale n'existe pas peut être comparée à la forte proportion d'entre eux (70 %) qui estiment en revanche « qu'en faisant des efforts, chacun peut réussir ». Il y a donc, d'un côté, la croyance en l'effort individuel mais, de l'autre, un regard désabusé sur le cadre normatif qui vient sanctionner cet effort. Or c'est bien dans le décalage entre ces deux que l'on trouve la distribution des choix électoraux à la présidentielle de 2017. On peut ainsi définir quatre populations selon les combinaisons de ces deux variables dont les caractéristiques marquent assez clairement les contours des votes populistes.

Les « satisfaits » qui estiment que les règles sont équitables et que chacun peut réussir, et qui représentent 23 % de l'échantillon, ont voté au premier tour de l'élection présidentielle de 2017, en suffrages exprimés, d'abord pour Emmanuel Macron (32 %) puis pour François Fillon (25 %).Il en va de même des « déçus » qui croient à l'effort individuel mais pas aux règles sociales, qui représentent 47 % de l'échantillon, qui ont choisi autant Emmanuel Macron que François Fillon (24 %) mais qui se sont dirigés aussi vers le vote populiste de gauche (17 % pour Jean-Luc Mélenchon) ou de droite (22 % pour Marine Le Pen).

En revanche, le choix électoral des « désespérés » qui ne croient ni à l'effort individuel ni à l'équité des règles sociales, soit 27 % de l'échantillon, est encore bien plus marqué par le vote populiste car ces derniers ont choisi d'abord Jean-Luc Mélenchon (31 %) puis Marine Le Pen (24 %) sans compter les 5 % votant pour Nicolas Dupont-Aignan et les 2 % votant pour François Asselineau. Au total, ce sont les trois quarts des enquêtés (en y ajoutant les 3 % de ceux qui pensent que les règles sont justes mais que l'effort individuel ne sert à rien et qui s'abstiennent massivement) qui expriment une préoccupation pour l'état de la méritocratie, première des promesses républicaines. L'élection présidentielle de 2022 a porté sur des choix de politiques publiques concernant la sortie de la crise sanitaire et de ses conséquences économiques, la protection de l'environnement et la préservation des ressources naturelles ou bien la question de la sécurité mais elle va aussi se dérouler sur l'arrière-fond d'une demande de justice et d'équité sociale, telle qu'on l'a vue émerger puissamment lors de la crise des Gilets jaunes. À ce titre, la méritocratie ou l'égalité des chances ne posent pas que des questions relatives aux parcours scolaires ou aux critères de sélection des élites. Elles influent considérablement sur la représentation que l'on se fait de la société et des raisons d'être de jouer le jeu de ses institutions. L'un des principaux problèmes démocratiques à régler reste en effet le retrait d'une partie des électeurs potentiels, et notamment des jeunes, qui se réfugient dans une abstention de contestation, associée à un fort niveau de méfiance à l'égard des institutions politiques nationales.

On peut élargir l'analyse des représentations en créant un indice de méritocratie reposant sur les réponses à trois propositions de la vague 12 du Baromètre de la confiance politique :

- Les règles du jeu social sont égales pour tous

- En faisant des efforts, chacun peut réussir

- De nos jours on peut réussir sans connaître des gens bien placés.

On dispose donc d'un indice allant de 0 à 3 selon le nombre de réponses positives, réunissant les enquêtés tout à fait ou plutôt d'accord avec les propositions. En France, la proportion de ceux qui se situent à l'échelon 3 de l'indice est de 10 % contre 18 % en Allemagne, 7 % en Italie et 13 % au Royaume-Uni. Ce positionnement n'évolue guère en fonction de l'âge ou du diplôme même s'il s'améliore un peu au-delà de 65 ans et à partir du niveau master mais sans qu'il y ait de corrélation statistique. Or le positionnement sur cet indice commande assez largement les réponses à des variables essentielles pour l'intégration sociopolitique. Par exemple, pour en rester à la France, la proportion de ceux qui s'estiment satisfaits de la vie qu'ils mènent (soit les enquêtés qui se situent entre 7 et 10 sur une échelle allant de 0 à 10) passe de 44 % pour ceux qui sont au niveau 0 de l'indice à 82 % pour ceux qui se situent au niveau 3. Il en va de même avec des variables plus politiques comme le fait de penser que « le vote est utile car c'est par les élections que l'on peut faire évoluer les choses », proposition qui recueille de 67 % à 92 % d'avis favorables selon la position sur l'indice. On peut encore faire la même démonstration avec un indice de confiance dans les institutions politiques (le conseil municipal, l'Assemblée nationale, le Sénat, le gouvernement) où la proportion de ceux qui ont fortement confiance passe de 18 % à 73 %. L'un des enjeux de l'élection présidentielle de 2022 pour Emmanuel Macron a été de démontrer que son programme peut conduire à l'amélioration de la mobilité sociale et de l'égalité des chances. Mais pourra-t-il alors échapper au clivage droite–gauche et se positionner au-delà ?

En effet, la question de la méritocratie reste posée en arrière-fond du débat politique et c'est un de terrains privilégiés d'affrontement de la gauche, qui défend l'égalité, relativise ce qui est acquis au nom de ce qui est transmis, et de la droite ou du centre, qui défendent l'équité et l'effort individuel. On retrouve ici tout le débat autour de l'école et de la sélection des élites qui voit s'affronter depuis longtemps des thèses institutionnalistes, et des thèses individualistes. Le macronisme reste donc confronté à un exercice de funambule, comme celui qui a conduit à supprimer l'ENA, pris entre le besoin de prouver qu'il peut encore jouer sur les mécanismes de la sélection des élites et le besoin de montrer qu'il n'entend pas bouleverser les hiérarchies sociales mais seulement les ouvrir. Ce qu'indique également l'enquête, c'est que les représentations de la méritocratie ne dépendent pas mécaniquement de positions sociales et qu'elles restent donc largement modelables par le travail politique. C'est sans doute l'un des terrains de campagne qui permettrait au macronisme de se donner un avenir…

CONCLUSIONS MOMENTANEES

Les états

Le devenir qui se profile concerne des états qui se distinguent par leurs étendues mais aussi et même surtout par les mœurs et coutumes qui les caractérisent. Pour se les représenter, il convient de distinguer les différentes cultures qui les animent, alors que de telles nuances restaient plus secondaires lors des conflits du XXème siècle. Les principaux acteurs sont de vastes états vis à vis desquels les rapports se développent sur un champs plus complexe que celui qui opposait militairement ceux du XXème siècle. Les opérateurs mondiaux dont l'évolution doit retenir l'attention sont désormais : la Chine, la Russie et les Etats-Unis. Puis le Japon et peut-être l'Inde. Tandis que l'Europe aura une contribution plus secondaire. La Chine a renouvelé la position qui l'a caractérisée antérieurement comme première puissance mondiale. Elle se caractérise par son étendue et son langage qui s'exprime toujours de manière homogène sur tout son espace. De nombreuses citées et quartiers « chinois » se sont développés dans le monde… Ils restent dans l'ensemble en relative autonomie. La nation reste attachée à ses traditions. La Chine moderne dispose de la force nucléaire. Sa marine de porte-avions. Elle développe également des fusées pour visiter voire investir la Lune… La Russie est fortement urbanisée : près des trois quarts des Russes (73 %) résident en ville, soit 106,5 millions de ses habitants au sein d'environ 1 100 villes et 1 400 bourgs. Quelque 20 % des Russes se concentrent dans des villes de plus d'un million d'habitants et 45 % dans des zones urbaines de plus de cent mille âmes. Le russe est la langue d'État de la fédération, mais un grand nombre d'autres langues y sont parlées. Le taux d'alphabétisation est dans la moyenne des pays de l'OCDE : 99,7 % en 2019. Mais en 2014, à la suite de l'annexion de la Crimée, le gouvernement de Vladimir Poutine est critiqué par les autres pays du G8 qui suspendent son adhésion au groupe, reformant ainsi temporairement le G7.

Les Etats Unis ont poursuivis les perspectives adoptées au cours de la guerre de 1940 et ont donc rempli un rôle central durant cette guerre. D'abord en organisant le débarquement de juin 1944, puis une victoire atomique vis-à-vis du japon en août 1945 (Hiroshima et Nagasaki). Cette victoire suscita une organisation qui s'est développée durant le vingtième siècle, afin de gérer la relation avec l'URSS qui fut tendue jusqu'en 1991. Par ailleurs, les Etats-Unis ont assumé une position centrale dans les conflits de l'après-guerre face au camp soviétique, sur les terrains de la guerre froide. Ils interviennent dans le blocus de Berlin (1948-1949) et dans la guerre de Corée (1950-1953), créent en 1949 l'OTAN (Organisation du Traité d'Atlantique Nord) qui lie l'Europe de l'Ouest aux États-Unis. Le pays devient un géant scientifique qui attire savants et étudiants du monde entier. Puis la guerre du Vietnam (1964-1975), caractérisée par l'enlisement, puis la défaite de l'armée américaine, et la prise d'otage à Téhéran en 1979, érodent l'image diplomatique des États-Unis. Les dépenses militaires très élevées obligent Nixon (1969-1974) à suspendre en 1971 la parité fixe or-dollar qui datait de Bretton Woods (1944). La crise économique à partir de 1973 crée des tensions économiques et sociales au sein du pays mais aussi avec les alliés européens et japonais. Le slogan du président Ronald Reagan (1981-1988) « America is back » incarne au début des années 1980 une ligne dure contre l'URSS, qualifiée d'« Empire du mal ». Cette politique se traduit par des interventions armées (Afghanistan, Amérique centrale) et une course aux armements (« guerre des Étoiles »). Elle est poursuivie par George Bush (1989-1993) L'URSS se replie, puis disparaît en 1991, consacrant l'hyperpuissance américaine. Après l'effondrement du bloc communiste, les États-Unis apparaissent comme une puissance globale, à la fois militaire (première armée mondiale), économique et financière (importance des échanges et du complexe militaro-industriel), technologique (conquête spatiale, innovation informatique) et culturelle : diffusion de l'«*American Way of Life*», des produits culturels américains, de l'anglais, rayonnement scientifique et universitaire). Leur « *soft power* » est sans égal, notamment grâce à la maîtrise de l'information (aujourd'hui l'Internet est géré par l'ICANN (*Internet Corporation for Assigned Names and Numbers*), un organisme placé sous le contrôle du gouvernement des États-Unis). Les États-Unis se positionnent comme les « gendarmes du monde », qui tentent d'instaurer un nouvel ordre mondial et de diffuser leur conception des relations internationales en intervenant militairement le moins possible. C'est la doctrine de l' «*enlargment* », défendue par Bill Clinton : « étendre et renforcer la communauté mondiale des démocraties fondées sur le marché ». Ils jouent un rôle décisif dans les accords d'Oslo de 1993 entre Rabin et Arafat, ou dans l'ex-Yougoslavie, en engageant l'OTAN en Bosnic cn 1994, puis au Kosovo en 1999. Comme leur conception de la démocratie et des relations internationales se heurte à des résistances de plus en plus vives, les États-Unis n'hésitent pas à adopter une attitude unilatérale quand leurs intérêts sont directement menacés : leur refus de ratifier le protocole de Kyoto ou d'adhérer à la Cour Pénale Internationale en sont de bons exemples. Par ailleurs, la crise financière et la montée de puissances économiques émergentes qui les concurrencent affaiblissent aussi leur puissance dans la mondialisation. Le choc du 11 septembre 2001 entraîne un changement brutal de position diplomatique : se considérant en guerre, les États-Unis affirment le droit de défendre unilatéralement leurs intérêts, y compris contre l'opinion internationale, et de frapper préventivement leurs ennemis. Cette réaction brutale se produit au moment même où les fondements de leur puissance sont remis en cause : l'anti-américanisme se développe.

Les autres espaces

Nous avons rapporté les conditions qui déterminent le devenir des Etats qui ne semblent pas en situation de prendre acte des prescriptions auxquelles se sont adaptées les puissances militaires évoquées ci-dessus. Il en résulte la création d'espaces ouverts à toute sortes de régressions soumises à des idéologies diverses souvent religieuses. Ou sinon pire, ne se référant plus qu'à des impératifs adaptatifs vitaux redevenus déterminants… Difficile alors d'identifier une tendance susceptible d'infléchir le devenir en cohérence avec les fondements qui ont autorisé les évolutions du dernier siècle. Le matérialisme qui caractérise la situation actuelle expose à une dualité organique entre les différents scénarios envisageables. On doit distinguer les perspectives qui s'imposent :

- Aux états dits « classiques », dont l'organisation s'inscrit dans le cadre de la continuité des principes qui résultent d'un passé historique relativement récent.

- De ceux qui de trouvent soumis aux manifestions d'une évolution sensible des conditions de l'environnement.

Les premiers ont des organisations environnementales censées prendre en compte le contexte tandis que les seconds sont souvent d'ores et déjà soumis à des contraintes climatiques notables. Le devenir qui résulte d'un tel contexte est parfaitement indéterminé et donc notre futur mondial également…

La gestion des eaux

L'eau recouvre 72% de la surface du globe pour un volume estimé à 1 400 millions de Km3. Au cours des siècles passés, l'homme n'a pas endommagé la disponibilité en l'eau. Mais, le monde moderne, les aménagements et la maîtrise de l'eau disponible dans la nature ont transformé le régime des eaux et perturbé leurs fonctions naturelles. La gestion de l'eau est variable selon les pays, partagée entre plusieurs intervenants : pouvoirs publics, collectivités, élus locaux, acteurs économiques et associations. Il en résulte une hétérogénéité notable en fonction des politiques et des responsabilités assumées. Malgré les progrès réalisés ces dernières années, pour améliorer la qualité environnementale des eaux de surface et des eaux souterraines, ne parviennent pas à éviter que les masses d'eau restent largement menacées par l'agriculture intensive, la pollution et la densité de la population entraînant une surexploitation des ressources. Résultat : 60 % des masses d'eau en Europe ne parviennent pas à atteindre l'objectif fixé par l'Union.

Perspectives globales

Les anticipations susceptibles de déboucher sur des dispositions propres à mobiliser les hommes sont telles que leur appropriation impose de :

1. Renoncer à toutes les valeurs sur lesquelles reposent nos coutumes.

2. Nous induire à refonder une intersubjectivité sur la prise en compte d'une manière de penser rationnelle mais aussi et surtout réaliste.

Une telle position peut paraitre étrange. Mais l'expérience démontre combien elle reste difficile…

Remerciements

Cette édition est née de la volonté de mon amie Hélène. Je la remercie de tout coeur.
Je remercie également Bernard Gast de m'avoir offert une oeuvre en couverture.

Marc Vauthier

L'auteur

Marc Vauthier est ingénieur. Il dirige un Bureau d'Etudes et d'Expertises en environnement industriel et commercial qui accompagne les industriels dans leurs démarches administratives (environnement, sécurité…).

L'industrie de demain et la dépollution des sols

Marc Vauthier

Bernard Gast - *Le pouvoir, pas moins...* (2011) – 1,26 x 1,72 m
(*Peinture avec le Cinéma*) © Adagp

I Gallery Editions

Collection Essais (Science)

Contact - igalleryeditions@free.fr

Chez

I GALLERY EDITIONS

Roman

Fumi BIGOT – *La maison des beaux dormants*

Bien-être & Cuisine

Bessie COOK – *Mini-recettes pour maigrir*

Essais

Anonyme médiéval – *Le Royaume* (Spiritualité)

Bernard GAST – *L'inhumain ou la guerre en l'Homme* (Philosophie)

Bernard GAST – *The inhuman or war within Man* (Philosophy)

Marc VAUTHIER – *L'industrie de demain et la dépollution des sols* (Science)

Art

Anne MICHALSON – *La Peinture avec le Cinéma de Bernard Gast*

Commandes : igalleryeditions@free.fr